人本主義教育的理念與實踐

張凱元　著

〈作者簡介〉

張凱元

學歷：美國田納西大學教育心理博士

經歷：世界新聞專科學校校長（1981-90）

　　　銘傳大學教授（1991-97）

　　　玄奘人文社會學院籌備處主任（1993-97）

　　　玄奘人文社會學院校長（1997-2000）

現任：玄奘人文社會學院應用心理學系教授

著作：佛洛伊德心理學及其在教育上的應用（問學出版社）

　　　從艾瑞克森理論研究我國大學生人格發展

　　　在近十二年間之變動傾向（正昇教育科學社）

〈陳序〉

我和張凱元教授在二十多年前相識於美國田納西大學，當時他唸教育，我則讀心理。課雖然不很一樣，但因參加當時中國同學會的活動等，倒常有機會見面，亦常討論彼此有關的課業。那時我就對張教授的才思敏捷印象深刻；而且對他在擔任同學會會長期間，推動活動的熱誠與照顧新同學的精神甚為佩服。我們分別返國服務之後，彼此之間仍常聯繫，交換教學、研究之心得。約兩年前，他告訴我準備要寫一本有關「人本教育」的書，希望能為台灣目前教育轉型的混亂狀況找出些正確的走向。話說完後過了一年多，他又告訴我書已寫成了，他真是劍及履及，手快腳快。

人本主義的思想，已被提出幾十年，其影響在近十餘年來更見顯著。世界各國愈來愈重視人權，於是不論在政治、社會、文化、教育等有關人的活動，都傾向回歸到以「人」本身作為思考的依據，「人性化」的潮流已經沛然莫之能禦，而首當其衝的，當然就是教育這一環節。什麼是教育的核心，就變成大家思考的焦點。人本主義學者馬斯洛強調人需要追求「自我實現」及羅哲斯指出教育應該教導學生「成為一個人」，他們的觀點是人們應把「在世界上存在的意義」作為追尋、探究的中心，因此我們要透過教育讓每個人能更認識自己，省察自己、實現自己更大的福祉，以及獲得與環境更密切的融洽與相容。

　　人本主義的思想歷史久遠，內容又相當廣博，可惜在台灣出版的書籍中，能將「人本主義」從頭到尾說清楚者，似乎仍然缺乏。這對初涉人本教育，有意一探堂奧者，當然是很大的不方便，同時也形成這股教育思想發展上的障礙。

　　據我了解，張教授在美進修時，對杜威、奧爾波特、羅哲斯、馬斯洛等人本學派之教育及心理學說即甚為傾仰。回國服務後不論在教學上及擔任校長等行政工作上亦均身體力行，無時不以遵循「學生為教育的中心」為念，在人本主義教育的領域內可謂學驗俱豐。

　　張教授書寫成後囑我寫序，看到老同學的成果出版，當然樂意先睹為快。我仔細捧讀之下，首先就感覺到全書一氣呵成，章節結構完整流暢，這固然是由於張教授本身的文筆造詣所致，亦同時可見其對人本主義教育了解之深度。

　　另外，本書以深入淺出的方式，說明人本主義的理念及中心思想（如人性本善、人生自由），並介紹人本主義不同學者，如馬斯洛、羅洛梅、羅哲斯的觀點，最後帶出對「人性化」教育很重要的論點──「學生是教育的中心」、「每個學生都是人才」、「傾聽學生的聲音」等。這本書的最大特點，是能吸引讀者願意一口氣讀完，可以讓讀者在很短的時間了解到人本主義教育的內涵與認識到其重要學者的學說。但也或許張教授寫書的定位是以大眾化為主，在書中有些概念詮釋則似稍為一筆帶過，未做更深入交代。又本書名既然為人本主義教育的理念與實踐，但在理念上敘述較多，實踐上則似仍有發揮的空間。

期盼老同學在以後修訂時能再加擴充增列，這一本書就應能達
到更完善的境地。

陳彰儀 謹識
於政治大學心理學系

〈車序〉

張凱元教授所著人本主義教育的理念與實踐一書完稿之後，我得以先睹為快。關於人本主義的教育理念，近年來漸成顯學，我自己亦從事教育工作，對有關馬斯洛、羅哲斯等人的著作亦多有涉獵。我的看法是，所謂以人為本的教育精神，雖然大家都能說出一番道理來，也都認為教育應從尊重及愛護學生開始；但真正要把這個概念條分理析清楚，而且可以切實付諸實踐，卻似乎不是很容易的事情。

其一原因是：近代幾位人本主義如馬斯洛、羅哲斯、羅洛梅等重要人物，其思想起源並不一致。雖然都講尊重人性，卻又都以一代大師的身分，建立起其本身各成體系的理論架構。其二原因是：偏偏坊間的人本主義有關書籍，又都以各大師的個人有關著作或思想介紹為主。譬如我們可以讀到一本羅洛梅的愛與意志（Love and Will）的書籍或介紹羅哲斯以學生為中心的教育（student centered education）的書籍，卻少見能將他們作綜合比較分析的文章。這無形中就使想了解所謂人本主義的一般大眾，面對愈來愈多各自表述，甚至南轅北轍的卷帙，常有不知從何下手的困惑。

看來張教授的這本書是專心致意想要把幾位人本主義重要學者的理論、觀點連貫起來，使人讀來能得到相當整體了解的效果。因為這本書顯然不同於其他以獨立介紹某一人的方式，

而改以介紹重要人本概念來作章節的安排，然後輔以各家理論來解釋重要觀點，這樣就可收到更好的理論統整結果，使全書成了一個脈絡可循的結構體。依序看下去，不但仍可知道原來各家學說的重點，並亦同時可以明白了所謂人本主義的整體內容。

　　然後同樣的，本書也使用這種方式，在人本教育的實踐推動上，也綜合了各家理論來解釋目前我們正進行著的教育改革運動。譬如人格不可分割的理念可以應用在九年一貫及情意教育的設計上；尊重學生的個別差異正是因材施教及多元教育的基礎所在；而追求自我實現就是終身教育的緣起動力等。張教授甚至不只引用了當代人本主義學者的說法來詮釋當前有關的重要教育概念，而更難得的是他亦不排斥傳統教育觀念中仍存有的很多優質人本主義精神。不論東方或西方，他相當自然靈活地也將其融入本書各部分章節之中。使這冊人本主義教育的理念與實踐成為能以豐富資料深入探討問題，而可讀性又很高的一本專門著作，對教學及教育政策應有相當參考價值。欣見此一人本主義教育著作之出版，並綴介言為序。

車潤豐　謹識

〈自序〉

　　隨著時代的進步，民主潮流方興未艾，個人的價值與權利更受到重視。在教育的範圍內，人本主義教育的觀念應運而生；而且成為目前很多提出「教育改革」要求的理論依據及努力方向。

　　基本上，所謂人本教育觀，也可說是人本心理學在教育上的看法與做法。人本心理學自二十世紀中期以後逐漸成形，但因為其組織鬆散，只是一群本來分屬不同師承的心理學者因對尊重人性價值的近似理念而結合成的一個學派，並沒有具體的領導人或定於一尊的完整思想體系。在人本心理學的重要人物裡，高斯坦講機體功能的整體性；奧爾波特強調健康的人格；馬斯洛講自我實現；羅哲斯重視非指導式治療及以學生為中心的教育；羅洛梅討論自由與焦慮等等，都豐富了人本主義的內容，為現代心理及教育領域帶來甚大的啟示性。雖然都不脫人本精神的特色，卻又為人本的目標方向開闢了多樣不一的途徑。人本在本質上原就存有多元化的意義，才能益顯生命如花籃，五彩繽紛，兼容並蓄的趣味。不過卻總又使追隨探索者，尤其在開始時容易感到無所適從，於是產生霧裡看花，摸不著頭緒，甚至半途而廢的結果。

　　本書試圖從根源說起，討論人本心理學興起的歷史背景及哲學基礎，然後及於其有關的教育觀念，並配合部分實例以說明國內外人本教育的現況。基本上本書的結構，以一般公認在

近代人本思潮上最主要的馬斯洛和羅哲斯兩人的理論為經，而以其他重要人物的有關看法為緯；主要即在說明為何我們可以知道人具有自我實現的潛能，並因此確立我們教育應強調以學生為中心的觀念。總結則是我們必須對人性有信心，教育才能發揮其最深刻的意義。

人本主義本來就博大精深，牽涉的人物及學說甚廣。本書作者僅是作一基本的輪廓探討就已備感吃力。現在雖已脫稿出版，疏漏之處又必將難免，深盼學者先進勿吝惠予指正。而在本書撰寫期間，曾蒙退休教授車潤豐、李可捷、政大教授陳彰儀、玄奘人文社會學院教授林金木、靜心小學老師劉玉珍的指導協助甚多；又在蒐集整理資料上，照片攝影部分多由玄奘人文社會學院心輔中心及台視記者朱增有先生、聯合報記者徐兆玄先生等提供，文字部分則由內子慶餘、舍妹凱文及師大社教所洪琦婷同學負責整理，在此均表示由衷感謝。

張凱元 謹識

〈目錄〉

第一章

緒　論

教育是人類特有的行為。故此研究教育必須由
重視人的「本性」開始。這種以人為本，努力
探求人之所以為人的優點，並加以發揚光大，
以求得人性更適當及更卓越的成長，就是人本
教育的基本精神。

教育就是要激發學生追求卓越的動機

一、人本主義心理學

　　人本主義的教育理念，必須從人本主義心理學說起。因除了佛洛伊德（S. Freud）的心理分析學派（psychoanalysis）以及巴夫洛夫（I. Pavlov）、華生（J. Watson）、史欽納（B.F. Skinner）等人的行為學派（behaviorism）之外，約於二十世紀中期以後，在心理學界又出現一個稱為「第三勢力」的人本主義心理學派（humanistic psychology）。人本心理學出現的背景，是由於奧爾波特（G. Allport）、弗洛姆（E. Fromm）、法蘭哥（V. Frankl）、馬斯洛（A. Maslow）、羅哲斯（C. Rogers）、羅洛梅（Rollo May）、布根塔爾（J. Bugental）等近代心理學者，對於心理分析學派的輕視意識而偏重潛意識，以及行為主義者將人性生物化、機械化的作法頗不以為然；認為人之所以為人，必有異於其他生物的人性存在。人有理性，可以思考、創造、判斷是非；知覺可以轉化為情感；經驗可以累積成知識；人際社會活動可以發展成為文化；這些都是其他動物所永遠做不到的成就。心理學是研究人的科學，「人」既把自己作為研究的對象，就必須正視此一事實，努力探求自己的優點所在，然後才能在人的本位立場上求得更適當及更卓越的成長，符合人有追求理想的特質本性。

　　人本主義心理學陳義深遠。在近數十年的發展上也漸受一般人的認同，惟遭遇困難亦在不少。人應該與其他生物不同，

但不同到什麼程度？人應該受到與其他生物不同的尊重，但尊重到什麼程度？人無疑存有理性和情感，是人之所以表現人性的準則。但人的行為又確實另有自私、狡猾和暴力等不符倫理原則的現象存在，由是產生無窮的惡行與悲劇。然則如何發揮人性善良的一面，減少邪惡的產生，以建立起健康成熟的「人格」，就應是研究心理行為及教育學者努力的理念與實踐方向。

二、人本主義的學習理論

在人本主義心理學出現之前，自二十世紀始，隨著人類探測自然的成就突飛猛進，工業社會和科技世界相繼來臨，反映在知識學習系統上就形成實證科學掛帥的現象。教育問題亦一面倒向尋求量化、物化和機械化的所謂客觀學習研究，將人的行為與其他生物採取同樣的評量標準。在心理分析理論上，認為人的學習只是單純生物性的衝動，基本上是盲目而機械化的。如嬰兒之索食，任何時間、地點，只要一有飢餓的狀態出現，嬰兒即躁動不安，啼哭不止。其所要求的乃是將身體感覺到的緊張或不適立即予以排除，且不達目的絕不甘休。這種純然生物式反應，盲目要求解決問題的做法，佛洛伊德稱之為我們學習必經的第一歷程（primary process）。這第一歷程所遵循的，只顧追求滿足願望的原則，佛氏即稱之為一種快樂原則（pleasure principle）的傾向。

但快樂原則當然不能作為一個永久遵循的標準。如嬰兒在

飢餓啼哭時，父母並不能每次都立即供以食物解決其需要。父母或有其授乳時間表，不到時間即不餵食，於是嬰兒由經驗中察覺到如父母不在旁或餵食時間未到，即使啼哭亦不能得到食物，由是可學到如父母不在或不太餓時不再隨意啼哭。此時嬰兒學習的第二歷程（secondary process）逐漸出現，嬰兒開始不再絕對受快樂原則所左右，而學會配合現實環境來行事。這種由純粹欲望發洩逐步轉為自我節制的改變，佛氏就另稱之為一種實在原則（reality principle）的傾向。

　　嬰兒從父母的授乳規律而學得時間的觀念，從隨手抓食而獲得辨識的能力等。亦即是說，第一歷程在滿足需要的功能上為盲目的，但有提供經驗的作用。例如嬰兒在第一歷程的快樂原則促使下，會盲目地把木塊放入口中，但經過數次教訓後，便明白木塊與麵包「實在」有所不同，以後在飢餓時便只找麵包而不要木塊了。從第一歷程的盲目到第二歷程的現實，心理分析學派看作只是一種嘗試與錯誤的經驗；人類的學習，與其他生物的學習基本類似。

　　至於行為主義解釋人類的學習，更將生物性和機械性發揮得淋漓盡致。在科學實證的大前提下，只將可計數、可驗證的外顯行為作為研究的對象。史欽納著名的白鼠壓桿實驗指出，白鼠起先無意中壓及桿子，然後導致食物出現的愉快結果，這種愉快的結果含有增強（reinforcing）行為的作用。一再重複之後，就使白鼠由無意中壓桿得食而學會見桿就壓的有意壓桿行為。所謂學習，即是習慣的形成，是一種刺激和反應的機械式

聯結。人類的學習亦然，某人所謂愛唱歌，看似是自己意志決定的行為，事實上是起先無意中唱歌，竟然受到別人的鼓掌稱讚（增強），於是愈來愈喜歡唱歌，終至形成習慣而已。每個人的所謂個性、知識、技能體系，都是由此學習建立，與其他的動物並無不同。

但人本心理學者很不同意這種把人的心理學習還原成生理學、物理學或化學刺激與反應的想法。他們認為人的心理與行為，絕不只是由一些物理或化學變化引起另一些變化。前述機械式學習行為，固然在某種程度上亦可解釋人類的學習結果，但人的學習還是應有不同於其他生物之處。例如我們提到「教育」這兩個字，所特指的就是人類的行為。說文解字：「教，上所施，下所效也；」又：「育，養子使作善也。」孟子·盡心：「得天下英才而教育之。」指的都是人。其他中外文獻，解釋教育的觀念，不論是將教育視為歷程（process）或成就（achievement），所說也都是改善人的身心行為。其他動物的學習，是一種本能的活動結果，不論是幼小動物學習老動物的各種求生或覓食動作，或經過馴獸師的誘導而學會一種技能等，基本上都只是一種訓練作用；因為除了人以外，其他的動物缺乏了思考和辨別是非的理性存在，就除了訓練之外，沒有薰陶教育的可能。

教育性既為人的本質之一，如果談教育卻忽略了人類自身的「人性」，則顯然是本末倒置的作法。我們固不否認人的動物性，也不否定科學的重要性，卻仍不宜因此而將自己圍限為

物化研究的對象。

　　因此教育就必須由重視人的本性開始。但近代因功利、實用等思想瀰漫充斥，人性已頗有向下沈淪的現象發生。人性遭到物化，使這個世界落入為權威、科學、利益……所操縱。個人不受尊重，生活變得空虛而缺乏意義。學生在校修習課程，只得到機械性知識的增加；只依著制式化的標準在互相評比、監控，個人價值與興趣消失無蹤；這都是典型潛意識自我壓抑和行為制約反應後的結果。有見及此的人本主義心理學者，在重視人性的大前提下，乃認為現代教育必須要作向上提升的改革。人性的學習不應純是由上而下知識的灌輸，而應著重由下而上知識的探求與啟發。人類的學習絕非經由機械式的外鑠，而應由理性的內化而生，是一種有別於其他生物的動機學習。

　　著名人本主義心理學家之一的孔斯（A. Combs）即認為：「人是永遠有動機的，事實上，人在任何時刻都不會沒有動機。談到人的動機之有無時，只能說某些人會對他目前所面對的不願做的事缺乏動機而已，但絕不能說他們沒有動機（換了另一件事可能就立即有動機）。」這段話尤其對身為教師者富有啟示性。因為學生必有動機，只是教師要知道，學生的學習動機未必專注在他所教的科目上。因此，如何使學生的學習動機，專注於其為學生所設定的學科上，乃是教師無可旁貸的責任，亦即是教學成敗的關鍵所在。另一位人本主義心理學家哈默柴克（D. Hamachek）亦說：「人本心理學的研究，旨在了解我們人類內在的心理歷程，……我們內在的需求、欲望、感情、價

值觀，以及對我們人類行為表現原因的自我解釋⋯⋯這也是教師們在教學時應先教學生認識他自己的原因。」

　　這些話，在在都說明了人本主義心理學所研究的，主要就是人類的內在心靈與動機；而此一研究重點用在教育上對教師的建議，則是教學生認識自己要先於教他讀書。因為，讀書求知的教育功用能否收到效果，實繫於學生能否把他對自己的知覺（指了解自己的需求和能力）和對學校教學的知覺（指要他學習的知識）連在一起。因此，為教師者在指導學生學習任何科目的任何單元之前，必須設身處地從學生的立場，教學生提出並嘗試回答：「我為什麼要學這些東西？」及「我能否學會這些東西？」兩個問題。只有學生認為，學習是有意義和有價值的，而且也覺得自己有能力學到教師對他期望的程度，如此學生自然努力向學，不需什麼外力的強制，就會自動維持高度的學習動機。這樣動機性學習的結果，不但符合尊重人性的要求，而且在知識的吸收保留上，也顯然會有更好的效果。

三、人本主義的成長理論

　　在教育的立場上，除了知識學習的問題外，另外一個重要問題則為人格的成長。如何輔導學生人格的成長，使其減少錯誤行為的可能，在心理分析學派中強調必須依據現實原則控制人性中生物性本能的衝動；在行為學派則認為應以獎懲的方式來揚善抑惡。故心理分析學派的所謂培養健康正常的人格，指

的就是能夠適當地壓抑、控制自己的行為；這和我國荀子所說的「人之性惡，其善者偽」一樣，對人性抱持悲觀的看法。而行為學派的健康正常人格則強調在刺激和反應的學習中，終能建立起個人在環境中趨吉避凶的辨別能力。固然在人生的理想上，心理分析學派認為學會潛意識的壓抑，最終仍是為了追求「愛」與「工作」的美滿；行為學派則認為賞罰分明是建立大同世界（Walden II）的不二條件，來鼓吹預期和控制行為的必要；也有其協助人格成長、促進社會發展的理想意義在內。但一味講求壓抑、控制，總是透露出無可奈何的味道；對人性的光明面一開始就缺乏信心，其後再怎麼努力，總會留下懷疑與遺憾。

故人本主義者顯然不同意此類不符人性尊嚴的做法，而認為人性本來就已異於純生物性。一般動物因缺乏理性的存在，或宜使用單純外鑠的獎懲、控制等方式，施以訓練習得某項技能、改變某項行為；人卻有內在理性思考的能力，可以分辨對錯，決定自己的行為，然後負責其後果。人本主義著名的教育及心理學者杜威（J. Dewey）、高斯坦（K. Goldstein）、奧爾波特（G. Allport）、馬斯洛（A. Maslow）、羅哲斯（C. Rogers）等都一致認為人格成長的力量本來就存在於個人，其成長完全是自發性的，可以用自我實現（self-actualization）來描述這一特性。

在人本主義心理學者看來，人是這個世界上的一種獨特存在狀態，不但不同於其他生物，而且因為每個人不同的成長背

景，每個人又終必形成其本身完整而迥異於他人的個人人格系統。雖然不否認人也會有挫折及罪惡的表現，但基本上都是以追求更好、更有意義的生活為終身目標。是故我們研究的既然是人的問題，就應該回歸直接以「人」為研究的對象。而且更要求以健康的人而非病態的人為研究的標準。因為即或我們也需要面對病態的問題，也必須先徹底了解健康的人格後才能做出辨別。而既然能夠注意到健康人格的發展，事實上就已減少了不良人格出現的可能。

第二章

人性本善

人本主義的中心思想是人。而人的本質是仁愛善良的。其後有罪惡行為的產生，主要是因為不良環境造成的結果。

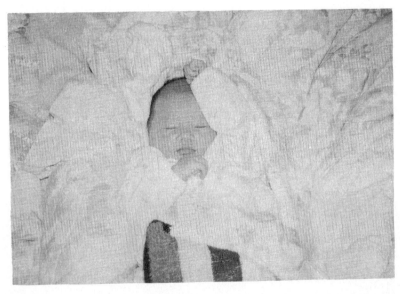

人之初‧性本善

一、本能無善惡

人本主義的中心思想以「人」為「本」。亦即要了解人，就必須從研究人的本身和明白人的本質開始。人的本質屬性如何？亦即人性本善或本惡？爭論已久。在心理分析學派看來，人性追究到最後，就只剩下「性」與「攻擊」兩項本能的衝動。例如用功讀書可能只是為勝過別人及實現「書中自有黃金屋」、「書中自有顏如玉」的潛意識動機，所以是典型的性惡論。而行為學派則從不認為有什麼叫做「人性」的東西存在；人也不過如貓、如鼠、如狗，所有的行為都是刺激與反應作用的產物。如果某一刺激引出的行為產生愉快的結果，這種行為再出現的頻率就會增加，完全是機械式的；故無所謂「本善」與「本惡」的說法，是一種性無善惡的理論。

心理分析學派的看法，與我國荀子的理論相類似，認為人的本性都在求滿足自己的欲望。所以荀子說：「今人之性，生而有好利焉，順是，故爭奪生而辭讓亡焉；生而有疾惡焉，順是，故殘賊生而忠信亡焉；生而有耳目之欲，有好聲色焉，順是，故淫亂生而禮義文理亡焉。然則從人之性，順人之情，必出於爭奪，合則犯分亂理而歸於暴。……用此觀之，然則人之性惡明矣，其善者偽也。故枸木必將待櫽栝烝矯然後直；鈍金必將待礱厲然後利；今人之性惡，必將待師法然後正，得禮義然後治。」這一段話的主要意義說的是人因為有天生的各種物

欲，順著發展下去，人與人之間就一定產生爭奪和暴亂的行為。由此看來，人性是本惡的；有能夠向善者，都是因為後天努力改過的緣故。就好像彎曲的木材一定要用器具、用方法來矯正才能拉直，鈍刀必須要經過砥磨才能鋒利。所以人的本性為惡，也一定要得到教師、法律的教導才能走上正道，得到禮節、義理的約束才能獲致安定。

荀子性惡論的思想，由其弟子韓非、李斯等加以發揮，後來就成為我國法家重治術的主要依據。而在西方思想上，如近世的馬基維利（N. Machiavelli）、霍布斯（T. Hobbes）等人，也看人類根本即是利己的，在一般情況下，莫不恣意妄為，爭鬥不止。人只有通過法律的規範，才有維持社會秩序的可能。這些法家思想，也不是沒有道理，因為世界上很多罪惡的發生，任誰也不能予以否認。壓制惡行而追求善良的結果，其實是不論性惡、性善、性無善惡等任一理論，所共同企求的目的，只是出發點和手段不同而已。

又行為主義者把人等同機器來看，認為性無善惡，例如飢、渴、求偶、母愛等，即或有部分先天的遺傳或秉賦，也都只是動物性自然的衝動，沒有自主意識，更無所謂性善性惡的意義；而人類所追求的，乃是經由增強的作用，希望建立起合乎公式化的善良行為模式。這種理論，與我國告子的性無善惡（或善惡混）的意義相同。告子說：「性無善無不善也。」或說：「性可以為善，可以為不善。是故文武興則民好善。幽厲興則民好暴。」亦強調性的善惡發展，都要看外在影響的力量。

這樣看來，性惡論、性無善惡論、性有善有惡論，基本目標都是一樣，要存善去惡罷了。古今中外所有的哲學、心理學或教育學的思想理論，一談到善惡的問題，最終的目的卻都鼓勵人生朝向光明善良的道路，不會以教人作惡為目的；出發的觀點雖然有所不同，最後終是殊途同歸。

心理分析從性惡論開始，行為主義堅持性無所謂善惡；故都需要努力壓抑自己的惡念或努力增強自己的善念，原則上並沒有錯。不過在人本主義心理學者的眼裡，卻顯然有兩項欠妥之處，其一為把人類生物化或機械化，只讓本能衝動行事，看不出人類與其他生物有什麼不同之處。其二為在教育的立場上，性惡或性無善惡必須以外鑠的力量治之，學習必經壓抑、獎懲、隳栝烝矯。學習的過程不但痛苦，而且學習的成果也不易保存。

故人本主義者反對心理分析學派及行為學派的看法，認為教育必須回歸人性，而人性並不同於其他生物性。固然人性中亦含有基本的如覓食、覓偶等生物本能存在，但這些基礎本能是不可以善惡來界定的。如獅子獵殺山羊，母鴨帶領小鴨，我們實不能說是善意或惡意。如荀子所言人生而有好利（會維護自己的利益）；生而有疾惡（會感受痛苦）；生而有耳目之欲，有好聲色焉（因有視聽的欲望，故喜歡悅耳的樂音和悅目的美色）；其實並不必然由於這些欲望就會做出爭奪、殘賊和淫亂的結果。幼小生物絕不會自然產生爭奪、殘賊和淫亂的行為，甚至從小就受豢養的狼獅虎豹，可能連藉獵殺以得食的行為都不會發生。爭奪、殘賊和淫亂行為的發生是由後天環境的學習

而來。

二、惡是環境的產物

　　生物本能均不應以惡視之。惡行的產生乃由環境的壓力及環境的學習而來。食物不足時，自己就一定要想辦法覓食；覓食的方法就由幼小學習已長成的動物行為而來。獅子父母如何獵食，獅子兒女就如何獵食。鴨子吃小魚、狗咬貓、貓抓老鼠，都由於環境學習。而且基本上他們都沒有為什麼要做這個行為的意識思考判斷作用在內，純粹只是本能的驅使加上環境的技能學習而產生某項行為而已。一隻剛飽食的老虎，就不會再去攻擊眼前從草叢蹦跳出來的小白兔。

　　所以，任何由本能驅使所發生的行為，均不能視之為惡；由單純環境誘因而學習的技能亦不能稱之為惡。在這一點上，行為主義的性無善惡原則也許是對的，任何機械式行為的產生，實在沒有所謂善惡的意義存在。不過，人的行為卻要比其他生物複雜得多，關於這一點，行為主義把人等同動物看待又顯然有不足之處，也許心理分析的潛意識動機，還比行為主義的理論較容易說明人類複雜的心理行為。基本上，人和其他所有動物都是從生物性（本我）開始的，但由於人類又擁有不同於其他動物的思考、判斷與追求理想等意識能力（自我與超我），在行為的實踐上就不免扭扭捏捏掩飾自己的不脫生物性；於是產生各種攻擊、冷漠、壓抑、投射、文飾、否認等潛意識防衛

行為。例如為了避免受罰而堅決否認自己的過失，可能就是惡行的開始。

　　故此惡行應為人所獨有，其他動物並無所謂善惡觀念的存在。只有人才有善惡的觀念，因之才有善惡行為的辨別。不過所謂惡的行為應是後天形成的，最顯著的例子就是：未經環境污染的小孩子不會說謊話。我們人類與其他動物共有的生物性原來亦無善惡之別，然而人之所以為人，是因為另有與其他生物不同的思考、判斷能力存在；這種理性思考、判斷能力的作用，配合了環境的學習條件，才是產生善惡不同行為的根源。

三、善是理性的本質

　　回過來說人性到底是本善或本惡。性無善惡論對此並無意見；性惡論認為人性本惡，不過他們所提本惡的人性，其實只是說的人性中部分生物的本能而已。本能如前述並無善惡的價值判斷，人能作各種價值判斷是理性作用的結果。人是唯一理性的動物，亦即只有人才有所謂善惡的分別。而由理性辨別是非對錯，主要是作為自己正確行為的依據。而正確行為一定是傾向於善的，如傾向於惡，就不能稱為正確的行為，也非理性的表現。故理性正確的行為必然是善良、端正、仁愛的，故而人性本善。

　　孟子對人性本善的意義以下面一段話說得最透徹：「乃若其情（只要順著本性），則可以為善矣，乃所謂善也（這就是

所謂人性本善）。若夫為不善，非才之罪也（並不是本質的問題）。惻隱之心，人皆有之；羞惡之心，人皆有之；恭敬之心，人皆有之；是非之心，人皆有之。惻隱之心，仁也；羞惡之心，義也；恭敬之心，禮也；是非之心，智也。仁、義、禮、智，非由外鑠我也，我固有之也，弗思耳矣（只是不去探索思考罷了）。故曰：求則得之，舍則失之。」孟子就是將理性裡所存有的仁、義、禮、智四項樞德（四端）明白提示出來，認為是人之所以為人的本質；而人如果捨棄自己本來的善性，才會有為惡的結果。西哲盧梭（J. J. Rousseau）在其討論教育的名著愛彌兒一書中，一開頭便同樣指出：「天生萬物，一切皆善；唯經人手，就成為惡。」也就是人生本善，環境卻會污染人心的意思。

自然世界不會有惡的存在，一切都是從善開始。人性本善更有具體的行為表現，可以孟子的另一段話來作證明：「所以謂人皆有不忍人之心者，今人乍見孺子將入於井，皆有怵惕惻隱之心（都會產生驚懼和憐憫的心情反應）；非所以內交（討好）於孺子之父母也，非所以要譽（博取名譽）於鄉黨朋友，非惡其聲而然也。」這就是性善先天存在人心的證明。不必任何的教導學習，只要是人，都會有這種為善最基本出發點的仁愛之心。

性善是先天的，惡的產生是後天環境造成的。其來源或由三種情況：

1. 善的缺乏

　　善惡是對照的，天下之物本來無有不善，人性亦然。行為之始，惡原本並不存在，但人性之善常有缺乏積極意志的情況發生，這時過分活動的本能就有引致不當行為的可能，惡行乘虛而入。

2. 理性的失誤

　　理性是向善的，其原始動機必以選擇正確行為為目的。但理性有時會產生被蒙蔽而誤判情勢的可能，如醫生的救人濟世，有時也會發生投藥、手術失誤的情況。

3. 環境的壓力

　　外在的環境對人行善的傾向會產生阻撓和誘惑的作用。如在生命受威脅之下，或名利的引誘之下，人就容易產生違背自己良心的行為。

　　人性本善，但因外在環境而容易變化，讀者文摘（Reader's Digest, June, 2001）曾作一實驗說明環境之可以影響人性：

　　　　讀者文摘安排派遣工作人員在世界各大都市測試不同國籍人士的誠實度。方法是在選定的各都市的餐廳、電話亭、車站等公共場所，散置內裝約值五十美

元當地貨幣的錢包,除金錢外並附有姓名、地址、電話的有關資料,實驗目的是觀察錢包可能由拾獲者歸還的情況如何。結果在放置的一千一百多個錢包中,被聯絡送回者為 56%,亦即有 44%的錢包從此一去不返。以國家地區計,則挪威的歸還率為 100%、新加坡 90%、美國 67%、香港 30%……等。這個實驗或有三點值得留意者:一為在比例上,表現誠實善良性向者仍占多數。二為確實有些環境可以具有最低影響惡行產生的性質(如挪威)。三是同為華人地區的新加坡和香港,可以產生比例懸殊的人性不同反應,顯見環境影響行為作用的強烈。

人本教育從尊重人性開始,而人性本善是人值得尊重的最基本條件。在人本心理學家馬斯洛看來,人作為生物進化的產物,有高於一般動物的發展;人已成為具有社會性和創造性的動物,人性基本上是向善且富有建設性的;破壞和侵犯的行為是人的基本需要遭受挫折後引起的。人性中善良的本質,只要給與適當的環境,就自然可以更加成長及追求自我理想的實現。

第三章

人生自由

人擁有行為上的自由，至少在思想上絕對不受
限制。世上萬物的意義由是而生，而每個人看
世界都有其與眾不同的判斷標準，所以我們都
必須尊重他人獨特的個別認知意義。

你我各自感受自由的滋味

一、存在主義的看法

教育學和心理學都是屬於行為的科學。討論到人的行為，又必須從自由談起。因行為如沒有自由的基礎，人就沒有某種行為發生或不發生，也沒有所謂責任的問題；因為一切都已被制定了，當然也就無所謂善惡的爭論。既無自由，大家都依規定做，連結果都是安排好的，還有什麼所謂善惡、好壞呢？心理分析學派和行為學派不太承認人有自由的可能；認為所謂自由，只是一種假象。

心理分析學派看我們所有的行為，都受本能潛意識的操縱。佛洛伊德雖然把「我」一分為三，成為「本我」、「自我」和「超我」；但本我仍屬儲存所有心理動力的根源所在。依照快樂原則行事──爽快就好的動機，不但直接左右本我，也無時不影響自我和超我。

自我和超我是在本我之後發展出來的兩個我，一個負責溝通現實世界，一個負責追求理想世界。看似佛氏已承認人類理性的存在，但深入探討，卻仍然受到本我的統屬操縱。

例如超我的活動所著重的事物和興趣，常是基於道德價值而非實際價值，這類人對於善與惡之間的分別比真與假的分別來得要緊。常見有些自負道德高超的人士，對一些被認為不道德的人大肆攻擊，尤其是在該項不道德行為並非真正有害於他人，而只是與自己的道德標準有出入時；表面上似是基於道德

的義憤，卻可能已是行其本我的鬥殺快感之實。

　　自我亦然，看似依照現實原則，但最主要的仍是要以滿足本我的欲望為先；如果現實不能解決本我的問題，例如飢寒之時，盜心就容易發生，自我依現實原則來約束本我的功能就會失敗。故超我與自我不過是本我虛假的分身而已，隨時都會還原成本我的本尊。如子女遵守父母規定留在家中溫習功課，結果未得父母適當獎勵，或考試成績未見提高時，就立即會有恢復深夜遊蕩不歸的可能，亦是本我實際操縱自我和超我行為的一例。

　　心理分析學派認為我們所謂行為的自由靠不住；行為主義則完全否定自由的存在。巴夫洛夫（I. Pavlov）的「聯結學習」實驗，首先確定鈴聲不會導致狗產生流口水的行為；但經食物伴隨鈴聲出現多次之後，狗終於產生了聽鈴聲亦如見食物的反應而流口水，並且會形成一種制約式的聯結效果，即聽到鈴聲就不流口水都不行。史欽納（B. F. Skinner）的白鼠實驗亦然，起先白鼠對鼠籠裡的一支小槓桿並不產生特別的反應，但在偶然壓到多次獲得食物，發現壓桿有如此好處（增強）之後，終亦形成制約式的行為，看到槓桿非壓不可了。

　　心理分析學派和行為主義都不同意人有自由意志的可能。心理分析學派認為人的動機都受制於生物性的本能衝動，無法以理性來決定自己的行為；行為主義者更以種種的實驗來說明人根本和動物一樣，所有的行為都只是機械性刺激和反應聯結的結果。事實似很清楚，我們確由行為主義的實驗中看到了狗

與白鼠不由自主的制約行為出現，在人的行為方面，也可以解釋不少我們習慣性的行為。例如幼兒初學語言，由無意義的生物本能發聲，得出有意義的語義來，最先當然靠的是聯結的效果。幼兒把 Pa-Pa、Ma-Ma 的語音經多次與父母親實體聯結之後，終能學得Pa-Pa、Ma-Ma代表爸爸、媽媽的意義；這是不論心理分析、行為主義、人本主義都能一致同意的觀點。但問題是，依此可以解釋簡單的制約行為，卻不一定就能說明高層的認知行為。例如了解一則數理公式或一張建築藍圖、計畫一項複雜的企業行動，就絕不是純生物反應的制約結果可以說得清楚。

　　台大哲學教授鄔昆如在其倫理學著作裡，就舉過這樣一個分別人與狗反應不同的實驗例子。

　　　　實驗是這樣的：先用鈴聲來吸引小孩子和狗的聽覺，鈴聲一停，馬上給小孩一塊糖，並給狗一塊骨頭。而重複出現這種「鈴聲與糖」以及「鈴聲與骨頭」的實驗。久而久之，小孩子只要聽見鈴聲，就會流口水，等待糖果的出現；同樣地，狗聽見鈴聲也必流口水，等待骨頭的出現。

　　　　這是第一階段的實驗。在這實驗中，小孩與狗沒有什麼分別。

　　　　實驗進入第二階段，以鑼聲作先鋒；鑼聲一停，就拿棍子打小孩，也用棍子打狗。這實驗重複幾次後，只要鑼聲一響，小孩子和狗都會馬上躲起來，他和牠

都害怕棍子。

　　在這第二階段的實驗中，小孩和狗仍是沒有什麼區別；兩者都將鑼聲和棍子聯想在一起。

　　最後，到了第三階段。鈴聲鑼聲不規則出現，骨頭或棍子，糖或棍子亦不規則的出現。此時，那隻狗就很可憐，牠不知道怎麼辦，只好對著鈴聲和鑼聲狂吠。但是，小孩子可不一樣，他已經覺察到鈴聲的符號與糖果的出現沒有必然的關係；而且，鑼聲的符號與棍子的出現也失去了關係。於是，捨棄符號而專注實物；他開始不管究竟是鈴聲或是鑼聲，而把注意力集中在棍子或糖果身上。只要糖果出現，他就伸手去取；一旦棍子出現，他就躲開。

　　上面的實驗說明了在較為複雜的行為上，人和禽獸就有本質上的差別。因為狗只能直覺反應，不會思想、推理；而人會思想、推理。也就是說理性的作用，可以在各種狀況下，作不同的選擇反應，這就是自由的表現。人甚至能作出不圍於目前環境的預期價值行為，如存錢投資或冒險犯難赴北極探險以滿足成就動機等；可以從自由的行為來貫徹自己的意志，就是人類自由最有力的實證。人本主義心理學者奧爾波特亦曾指出，能否建立長遠的目標，是區別人類和動物、成人和兒童、健康人格和病態人格的一個主要標誌。長遠目標的規畫，就必須要經由理性而且自由的行為才能做到。

　　人生是否自由的問題，也許以存在主義的觀點來說最清楚。事實上人本主義心理學的興起，與十九世紀末、二十世紀初存在主義的出現關係甚為密切。而近數百年西方思想中，在經過文藝復興、啟蒙運動之後，神權、君權等威權思想日漸為有識之士所捨棄。回歸到人的世界應以人的價值為研究重心的人本主義思想，重新檢討人的自由、選擇、責任、自我和情意諸方面專屬於人的意義，基本上多少都與存在主義及類似的人道主義思想陸續出現有關。

　　每一個人在世界上存在，都是一個絕對的事實。但存在的意義為何？相對於舊時認為人生是卑微的，其價值和意義必須經由威權才能獲得，自己的命運操縱在各種威權手中（從上帝到君王到任何可能影響自己生活的人）的人生他決論；存在主義提出了相反的論點，認為人生是尊貴的，價值和意義都可由自己努力爭取，自己的命運乃操縱在自己手裡的人生自決論。前者可以「本質先於存在」，後者可以「存在先於本質」兩句話來分別形容。所謂本質先於存在，說的就是在一個人出生時，他的一生命運就以因他是怎麼樣背景的一個人而安排好了。每個人只要執行被安排的角色任務，做官的做官，打鐵的打鐵，大家追隨威權，各安其位，談不到什麼自由和意志的實踐。所謂存在先於本質，則質疑前者的說法，認為人應有安排創造自己命運的權利。出生時每個人都是一張白紙，其後因為自己開始存在，自己才開始在白紙上寫字，所寫的字就是自我的經歷。例如，進什麼學校、與什麼人結婚、八歲時曾經在龍眼樹上摔

下來一次等等。任何存在過程中的經驗，都將成為個人自我的一部分，是獨特的、無人可以取代的、世界上沒有兩個人會完全相同的；這才是個人的本質和與眾不同之處。存在主義亦就因強調「存在」先於本質之名而來。

在存在主義的思想裡，不但「存在」對個人的意義重大，而且還因為個人的存在，也才能使這個世界產生意義。存在主義追究起這個世界，如果不是有個人的存在，理論上只是空洞虛無的。縱然其他的萬物都存在，但如果沒有人，則所有所謂真善美的表現都立即黯然失色，因無「人」欣賞也。所以「人類」在這個世界上是獨一無二具有與其他生物不同的理性與靈性存在，而每一個人又是不同於任何其他人的獨一無二存在。因為每個人都有賦予世界不同意義的絕對自由存在的能力。這種自由可由兩方面來說明：(1)個人可以自由賦予世界萬物任何意義。你認為是美的，他認為是醜的；你喜歡吃香的，他喜歡喝辣的；沒有兩人的看法會完全一致。所謂幸福、災難都因不同人的感受而定，一人的幸福可能為另一人的災難，反之亦然。(2)個人意志的自由不可能因他人的威權而受限制，任何外人只能困縛一個人肉體的自由，而無法禁錮其思想的自由。

人本心理學家法蘭哥（V. Frankl）以二次大戰時其本身被囚禁在集中營的經驗，指出在最艱困惡劣的環境壓力之下，人的內心深處仍可蘊藏絕對的自由信心，只要自己不放棄，是無人可以剝奪的。如營中俘虜變成什麼樣的人，是否可以度過苦難，都是他內心調適抉擇的結果。又十七世紀天文學家伽利略（Galileo

Galilei），在當時學界普遍認為地球是宇宙中心的情況下，自己以望遠鏡觀察，得出地球實際上是繞日而行的結果；發表後受到甚多攻擊並被教會軟禁。晚年體衰甚至雙目失明，但其仍然堅持地球繞日的信心，直至死前仍在病床上念念不忘地提到：「地球還是動的啊。」思想的可以自由，確實無人可予改變。孔子亦說：「三軍可奪帥也，匹夫不可奪志也。」就同樣是這個意思。

二、現象論的看法

人擁有自由應是毋庸置疑的。至少在思想上絕對不受限制，愛怎麼想就怎麼想。但付諸實現卻是要受約束的，不但自己的自由不能侵犯他人的自由，而且還因外在的因素，不能隨意做自己想做的事（如想看電影但沒錢），或甚至於被壓迫做自己不想做的事（如被威脅利誘投票給一個自己不喜歡的人）。而更嚴重的，卻是自己的自由還會有意無意地產生各種錯誤的可能。有意的例如濫用自由指鹿為馬，這當然是我們在愛惜自己的自由權利上所不應有的行為，人人應予避免，我們暫不在此討論。其次則還有一種自由無意產生的錯誤，因為發生時基本上並無惡意，所造成的傷害也常是自己所不自覺的。例如向人敬酒，以自己的意志要人乾杯，並無惡意存在，甚至還是一種善意；卻不了解對方體質不好，肝膽腸胃功能欠佳，於是可能造成致病的結果。這種由於自由無意中運用不當，因與外在的

他人溝通上有所出入而造成不必要的傷害，卻是我們需要討論的問題。

我們對外在世界的認識要從兩方面說起，第一是我們可以很確實地了解外物嗎？第二是我們對外物應如何對待之。

在第一個問題上，從古到今的學者，大抵抱持三種不同的看法：

1. 實在論

認為我們對外物的認識了解，乃由感覺器官接觸到外物的顏色、大小、形狀的附體，然後再經理性作用判斷外物的真實本質；故認知是人感官和理智二者合作的結果，所得到對外物的了解是確定真實的，如我們看見一頭象，那就是一頭象。

2. 懷疑論

認為我們根本不可能認識真正外物的內容。因為(1)我們的感覺功能很靠不住，如我們看筷子插入水中似乎斷了，其實未斷；看卡通片的成為連續動作也只是一種視覺暫留的現象。(2)理智固然旨在求真，但感覺所供的材料已然不足，人又常常會受情感蒙蔽，每人觀感不同；對同一外物，都只是瞎子摸象，外物到底是什麼，各自表述而已，永遠不可能得到真象。

3. 現象論

前二者的說法，可能都有其相當的道理存在。我們確實生

活在這個世界上，外物不可能是虛假的存在。但我們要如何對外物作真正的了解，卻是困難重重，真正外物的內容不易探知；問題在於我們永遠無法對某項對象得到全盤百分之一百的了解資料。最明顯的例子是，絕對不可能有兩個人同時站在完全相同的位置來看一棵樹、一個杯子或另一隻小狗；各人所看的角度不同，所獲印象當然也迥異，個人的判斷當然就不一樣。亦即是說：(1)各人都只是憑著從周圍世界所得的「現象」來了解萬物而已。(2)是故各人所得的經驗不可能一致，人的知識形成可以說都是「主觀」的。雖然我們不能就以「瞎子摸象」來形容人所得的知識完全不同，但會有差異卻是正常的。就好像同樣的一件事物有人好之，有人惡之；同樣的一個人有人愛之，有人厭之。就是所得的現象經驗及主觀判斷標準不同之故。

能夠擁有自由的意志是人類理性的特色之一，但是人的理性判斷恐怕達不到如實在論所說的圓滿標準，也恐怕並不像懷疑論對我們外在的世界及我們內在的理性都抱持消極否定的看法，使得一切知識都缺少了基本存在的立場。在這樣的情況之下，也許現象論給與我們的是比較合乎解釋人性特質的說法。人有自由，有認識外物的能力，我們對外物的感覺經驗雖並不代表外物的全部，個人所得的現象經驗雖只有部分，卻無疑仍是外物本身的真實現象。理性即可通過各種現象，構成適於自己經驗與邏輯的概念，再調整其中種種或有矛盾之處，而期獲得外物相當真實的內容。看來由現象始，而能相當的認識外物

應是可能的。我國二千多年前的莊子，就曾與他的朋友惠子在
這個題目上作過一次精采的討論：

> 　　莊子與惠子遊於濠梁之上，莊子曰：「儵魚出遊
> 從容，是魚之樂也。」惠子曰：「子非魚，安知魚之
> 樂？」莊子曰：「子非我，安知我不知魚之樂？」惠
> 子曰：「我非子，故不知子矣；子固非魚也，子之不
> 知魚之樂，全矣。」莊子曰：「請循其本，子曰汝安
> 知魚樂云者，既已知吾知之而問我，我知之濠上也。」

　　在這一段文字中，我們可以說莊子的感覺器官得到了「儵
魚出遊從容」的現象，然後其理性功能對出遊從容的滋味是有
經驗的，於是就據之做了「魚樂」的判斷，所以說「我知之濠
上也」。由當時當地所得的現象開始作認知的反應，應該是自
然合理的。

　　人本主義心理學家重視人的理性與自由行為。但人的理性
與自由可以依賴到什麼程度，現象論的看法也許是一個適當的
答案。現象論主張，我們每個人都有自己知識的現象場（pheno-
menological field）、或心理場（psychological field）；個人的現
象場，也就是他在日常生活中，憑知覺經驗所獲得他認為實在
的東西。故此人本主義心理學者孔斯（A. Combs）和史耐格（D.
Snygg）就曾說：「人的行為不單是外在因素所引起的反應，而
且也是因他自己有意如此反應。」

　　人本主義心理學者後來將現象論的現象場改稱為知覺場
（perceptual field），每個人的知覺場就代表他此時此地憑主觀
感受對周圍環境所知覺到的一切，等於是其人格的核心結構。
每個人的知覺場都是獨特的，有其固定形式，但也會隨著心智
的發展而有所改變，基本上是理性而自由的，沒有兩個人的知
覺會完全一致。明白了這一點，就很容易回答第二個我們應如
何對待他人或外物的問題，就是我們都必須尊重他人獨特的現
象知覺，因為沒有一個人可以掌握全盤的事實。這個原則，後
來在形成人本教育的理念上，就成為重視每一個人的「個別差
異」及教育應「以學生為中心」的理論依據。

第四章

人格不可分割

人是一個完整的有機體,故正常的人格有其統一性的意義。個人行為的產生,必然是心身一致的活動,整體的目標則是要求個體的日趨完美。

任何一個行為　都是心身一致的活動

一、高斯坦的機體論

　　人本主義尊重「人」，而人性的本質為仁愛善良，故此人在自由意志的原則下，應都有向善發展的傾向。而自我需求的滿足，乃人生追求的最高境界。這些都是人本主義心理學家們一致的理念。我們前已提及人本主義不贊成心理分析學派及行為學派把人生物化、機械化的觀念。不過，人本主義也不反對人亦具有一般生物性，或是環境經驗可能對人造成影響的說法。只是除了本來的生物性及後來的經驗之外，人更具有理性、善性和自我實現的獨特人性。人性本善，生物性無善無不善；惡乃由不良的環境所造成。如果不是環境的壓力，人就不會扭曲自己向善的行為；亦就是說人都有謀求自己最良善發展的潛能存在。

　　這種潛能，若依照人本主義心理學先驅高斯坦（Kurt Goldstein）的說法，本就廣泛存在於任何生物體上。例如任何機體都會有整體性、一致性和連貫性；一個完整的機體組織系統，必然都會盡力維持自身的二項功能：(1)保持本身的完整性：一棵樹必包括根、枝幹、花、葉，才成為樹，一根樹枝就不成為樹；生物機體某一部分的動作不能視為單獨的行為，而必具有整體的目的意義，小貓小狗的跑跳絕非純為跑而跑，為跳而跳，而應有其整體理由（如追逐皮球）存在。故而人的身體及人格活動亦均要求完整而不可分。(2)一切生命的目標都在求自己獲

得最充分的發展：植物的向光、向水、背地性就是一例。生理
需求的滿足，只是為個體的整體發展鋪路，任何有機體的天性
就是要生長，使自己日臻完美。但由於各種生物的潛能不同，
所以最後達成的目標亦各異。而人因另具理性及創造性，其所
謂自我實現（self-actualization）的特徵乃益顯。自嬰兒時期開
始，小孩經常翻來覆去重複某一動作，就絕不是單純無意義的
生物本能表現，而是一種朝向完成和完善的傾向。

「自我實現」是人本主義心理學中一個重要的概念。或可
以說人本主義認為「人性」值得尊重之處，其最基本的信心無
疑乃建立在人是具有最高自我理想實現潛能的理性動物。高斯
坦先從有機體的整體（integration）觀念談起，認為一個生物
體，他的生理結構雖然可以分別為各部門，但任一部門的活動
卻均與其他部門產生出整體關係來（holistic relation），如一棵
樹的樹根、樹枝、花、葉等單獨存在是沒有意義的。單獨的一
個部分，不能沒有其總體，尤其在動物的感覺意識發生之後情
況更明顯。例如海蜇傘下任一點受到觸摸，其傘下的所有口腕
（觸鬚）就都會一致轉向該方向，如又再刺激另一點，口腕又
會立即跟著轉變方向；我們用針刺激一個人的腳底，麻痺的感
覺會直達到那人的頭皮；一個眼睛不好的人，聽覺會特別靈敏；
右手截肢者，可改以左手執筆寫字；甚至雙手殘障者亦可用腳
代手，都是生物有整體功能性的實例。

只透過部分的研究無法明白整體。就如研究再多樹枝也不
能了解一棵樹一樣。故此我們不能隨便以機體的部分來推論整

體。固然普通以實驗隔離的方法來研究簡單心理行為，仍有若干可以適合低等動物或幼兒之處，但一到兒童正常發展成熟之後，簡單的「刺激－反應」模式就會愈來愈趨向複雜而有序的綜合反應行為；即使由原始本能發生的行為亦一樣。例如單純吃的行為可以變成兼顧色香味，甚至氣氛、禮節等高級整合的餐飲行為。

　　植物有其整體性，動物更有其整體性，整體包含所有的部分。對人類而言，人類特有的理性也是「人」這個有機體的一部分。在這個有機體內，心不是由獨立的官能或元素組成，身也不是由獨立的器官組成，心身都屬於人這個整體。心或身任一部位所發生的變化，都會影響整個機體，而整個機體的活動當然亦牽連任何心或身的部分。高氏舉出腦部受傷的病人立即會反映在身體各部的單獨行為上，如語言、視聽能力受阻或肢體行動不便；而個人的情緒影響行為的發生以及行為的結果影響情緒的轉變，更是普遍的事實。

　　機體論強調正常人格具有統一性、整合性和堅忍性。例如我們覓食是一個口、胃、腳、手一致的活動；飢餓初起時，胃的飢餓感覺為主體形象，其餘為副體背景，吃食時則口的味覺轉為主體，其餘為副。又如我們在閱讀小說時，眼睛的行為成為主體，此時若聽到電話鈴聲起身去接電話，耳朵的聽電話行為又轉成主體了。但無論如何，不管主體和副體如何互換，有機體的活動目標都是整體一致的。

二、機體的動力──內在潛能的自我實現

由於機體整體的行為目標是一致的,故高斯坦認為所有行為的動機亦是一致的。不同於多驅力論,高斯坦指出不管是飢餓的動機、口渴的動機、性的動機、母愛的動機或成就的動機等等,其實都只有一個共同的目標,就是使人不斷依循各種途徑使自己的潛能(potentiality)得以充分發展。也就是說,那些個別需求的滿足,都只是為機體的整體發展鋪路而已。所有個別動機的驅力都是一樣的,這種驅力的總能量存在於機體內是恆常不變的,在正常情形下平均分布於各部分。當機體一受刺激產生緊張,其均等狀態會隨著改變,驅力流向特定部位並發生有關行為。例如聽到特殊聲音時,頭轉向聲音來源以求了解,飢餓時驅力向有關覓食功能的眼、身、手、腳等部位流入,直到獲得食物;緊張解除之後,驅力才又由特定部位流出,恢復平均分布狀態。機體則除有需要產生特定行為外,永遠都要求使驅力保持平衡;周而復始,均在統一目標之下或動或靜,就是整體作用的樞紐所在。

是故機體的驅力只有一種,隨著各種緊張狀態的變化及一再出現,使個體亦不斷地通過各種適合於自己的方式產生行為,而各種行為的目標歸到最後都是要使個體恢復到平衡、舒適的狀況。飢渴時飲食、疲倦時休息,都是這種驅力均等過程的功能作用。可以說一個有機體的生存最高目標即為:⑴繼續維持

生活目標的一致性，及(2)追求更能適合自己生活秩序滿足的可能。前者即為**機體整合性**的表現，後者為要求均等過程和達到最完善最美滿的地步。高氏認為任何機體都不會沒有追求自己最理想發展的傾向。這種追求自己充分發展的傾向，在人類更存有崇高的特別意義，高氏稱之為自我實現的潛在能力。這種潛能因自我追求真善美的理性行為，結合了環境因素，就成為人類文明的表現。

三、人格的完整與獨特性

高斯坦的理論，對後來的人本心理學及人本教育理念，都產生了很大的影響。其主要啟發人本思想的核心論點有三：一是人具有心身整體性；二是人具有自我實現的潛能；三是人具有個別差異性。

第一項及第二項的理由已如上述。至於第三項有關人的個別差異問題，因為人在成長過程中，其遺傳、成熟、環境及學習條件，不但與其他動物不同，而且人與人間亦是相異，故在其後各自形成統一的人格；亦即天下人雖眾，卻絕無兩人有完全相同人格的可能，即使同卵孿生子女亦然。高氏指出，個別差異在學習的過程中扮演甚為重要的角色。我們在訓練動物時，因為動物的個別差異不大，故只要掌握其天性，訓練大致即可成功。至於人類，訓練學習就必須注意到每個學習者不同的個別潛能差異。個別差異可以形成學習基礎與能力很大的不同，

倘超出一個學習者基礎能力的學習，通常只會造成災難性情境，接著出現為逃避焦慮和害怕，甚至做出種種可能進退失據的不當行為。這種行為的負面結果通常遠超過學習所得的正面效果，乃成為學習失敗或停頓的主要原因。

高氏乃認為學習應該同時考慮選擇適合個體的材料和方法，來作激勵補助。人是一個具有完整知識與行為功能一致的有機體，其心身任何一部分的變化成長都與整體的發展有關。每一個體都有其不同的自我實現背景與目標。教育絕不是只要把個體塑造成符合各種文明和文化規範的人，而應是根據其先天發展才能的潛力，來作計畫培養。能夠留意到個體本身整體條件的教育，才不至於將學習者的人格割裂，而且才能夠使學習真正成為一項可以妥當協助個體自我實現的歷程，這在人的教育意義上，就應是最高境界的表現。

第五章

人人都可以自我充分發展

人本主義學者反對把人生物化、機械化；但同意在人性之中亦有與其他生物相同的本能存在。兩者如何調和，馬斯洛以其需求層次論，用循序漸進的方式提出說明。馬氏認為，低層的需要，是人與其他動物所共有的；愈到高層，則愈顯出人性的特色。而自我實現的需要，就是人類潛能的最高表現。

儘管臉譜不一樣　但人人都可以自我充分發展

一、馬斯洛的需求層次論

　　高斯坦提出自我實現的概念，來解釋人有追求自我充分發展的潛能存在。自我實現成為人生的最高指導原則。一個生命的有機體，其天性就是要生長，使本身日臻完美，達到充分發展的境地。而人的自我實現，更含有創造和追求卓越的意義在內。後起的人本主義心理學家馬斯洛（A. Maslow）就此推衍，更深入分析人性追求真善美的動機潛能，提出了動機的需求層次論（need hierarchy theory）。明白地把人的動機發展，如何由動物的層次銜接至人的自我實現層次；使人性的內涵能夠更清楚地顯現出來，人生的意義也因此更易於自我定位掌握。

　　人本主義學者反對把人生物化、機械化，但同意在人性之中亦必有與其他生物相同的本能存在。兩者之間如何調和，馬斯洛以其需求層次論，用循序漸進的方式提出了完整的說明。馬氏認為，人類的本能因為同時具有理性判斷的成分，所以與動物的純粹本能有所不同；或可以類似本能（instinctoid）來稱呼較為妥當。這種類似本能以人類的需要動機為基礎，可以分為五個層次。其結構如下圖所示：最基層是生理的需要，其上為安全的需要、愛和歸屬的需要及尊重的需要，然後最上層為自我實現的需要。

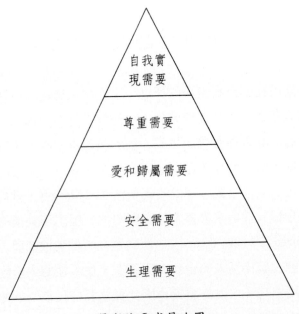

馬斯洛需求層次圖

(Maslow, 1970)

　　我們要了解這些基本需要的性質，應先由下列兩項原則來入手：⑴愈基層的需要愈接近一般動物的普遍性質，愈高層的愈為人類所特有；⑵各層需要有其秩序及因果關係。高層需要的產生，必須以低層需要的滿足為基礎；而低層需要的滿足，亦就帶來高層需要的出現。第一項原則說明人與其他生物確有共通之處，但人之所以為人，亦必有其特殊之處。第二項原則說明不但人性與動物性可以共存，而且依著理性的作用，人由動物性的需要中，可以產生出人性的需要。其順序關係說明如下：

1. 生理的需要

　　是一種凡是有機體都一致具備的需要。如覓食、生殖、排泄、緊張與鬆弛等生理作用均是。這一類的需要是生物之所以能夠生存、繁衍，必須具備的基本條件；是任何生物一開始生活在這個世界上就必須面對的問題。如果不能滿足這一層次的需求，則非但不可能產生其他任何需求的動機，即生物體的生存亦無法延續。

2. 安全的需要

　　為生理動機的上一層次。通常為已具備感覺及對環境可以產生基本意識行為的如動物界中魚蟲鳥獸以上的門類才有，亦即趨吉避凶的本能。例如貓、鼠、狗在遇有危險狀況時皆知避開。但如為生理需要的強大壓力所迫，如飢餓甚久的老鼠冒著過街被人追打，白日亦會出而覓食；人類也有「民不聊生，鋌而走險」及「衣食足，然後知榮辱」的說法。受強烈生理缺乏的驅力所壓迫，就會做出不顧自身安全保障的行為。反過來說，如果老鼠能夠飽食，其保護自己免受生命威脅的安全需要就自然產生；以自己的安全舒適為念，不會在有安全顧慮的狀況下覓食。

3. 愛和歸屬的需要

　　生理需要及安全的需要都能滿足之後，如哺乳類動物，則

可以發展出與特定對象保持較親密關係，渴望得到照顧及照顧
有關對象的愛和歸屬的行為。這不但表現在同類間，有時也表
現在不同類屬之間，如人與貓狗之間的感情等。但如不能得到
生理的滿足及安全的保證，則愛和歸屬的動機就不容易發生。
例如常遭主人打踢的小狗，就不會有與主人親近的行為。

4.尊重的需要

　　愈到高層的需要，愈只為少數生物所擁有。在前三項需求
都能適當滿足的情況下，要求尊重的動機就會在極少數的動物
種類中產生。馬斯洛早期曾從事靈長類動物的研究，就觀察到
如最接近人類的黑猩猩，在群居中會有等級的分別及利他的、
非控制式的互相友好行為產生。例如主動分食、照顧傷病同伴、
長成的小猩猩多年後仍會不時回去探看母親等。但明顯希望得
到別人的尊重、承認、讚許和支持，並由此產生成就、地位、
名聲等結果的動機，卻已是專屬於人類。在人際社會中，任何
如非受前三項需求的壓力，尤其是生理不滿足時，就沒有人願
意放棄自己的自尊來從事卑微的行為（如乞討）。維持個人適
度的自尊，應是任何具有健康人格者的需要。

5.自我實現的需要

　　其他動物的需要約只到第四層為止。但當上述所有需要都
獲得相當的滿足之後，人卻會另產生出自我實現的需要。不過，
這種動機雖屬人所專有，卻又非人人都會發生。前四種需要，

馬斯洛稱之為基本的需要（basic need），亦即人人都有，甚至
若干動物亦有類似的現象；是維持生存、生活的基本條件，是
強制性的。如有或缺，就會引致生活上的痛苦、不便，故又稱
缺乏的需要（deficiency need）。但自我實現的需求，馬氏卻稱
之為成長的需要（growth need），亦即是一個人要追求生命更
為豐富、更有意義，徹底實現自我理想的條件。這乃是選擇性
的，為豐富自己存在的意義，以示不枉此生而產生的，故又稱
存在的需要（being need）。因為人從具有與其他生物共通的生
理本能開始，愈往上就愈能表現出人性的特徵；亦即人性部分
地是與其他動物所共有的，又有部分則是人所獨有的。不過要
注意的是，人之所以為人，即使在發展到具有尊重的需求之後，
其特徵又似仍未能與其他動物作一清楚區隔；必須等到為要求
受到他人更高的尊重和讚許，獲得自己一定的成就結果，而發
展出自我實現的需要時，才是完成了可以表現自己與眾不同的
「人生」意義特色。

二、兩種不同的自我實現

　　所謂自我實現，馬氏認為就是一個人力求變成他想要變成
的樣子；亦即力求發揮潛能，「成為自己」的意思。但卻又非
人人都會做到。人生在世，首先當然是求生存，故在需求層次
論中的前四項是強制性，基本上缺一不可；自我實現的需求卻
是選擇性的，缺少了並不會帶來立即的痛苦，卻是關係到成長

和進步的。甚至於不但是自我成長，即或世界文明的進步，事實上亦是由此而生。人因有了追求理想之心，才會力求克服自己的缺點、發揮自己的潛能、創造發明、提升自我及造福人群。如一位作曲家之必須作曲、一位畫家之必須繪畫、一位詩人之必須寫詩、一位科學家之必須研究，否則他始終無法寧靜。故自我的實現雖是選擇性的，卻是人人應該追求的目標。馬氏舉出一個自我實現者大抵具有的特徵如下：

1. 較能準確地知覺現實，並持有較為實際的人生觀。
2. 能表現出悅納自己、別人及面對所處環境的更大彈性。
3. 言行舉止發自內心而自然，不矯揉造作。
4. 思考時以問題為中心，而不考慮一己私利。
5. 風度良好並有保持適當個人隱私的習慣。
6. 能自主自制，而不隨俗。
7. 經常以創新眼光來欣賞與體驗人生。
8. 常會有可引起心靈振動的高峰成就經驗。
9. 對人類有「四海之內皆兄弟也」的認同，並具有為人服務的使命感。
10. 有友情深厚的朋友，有親密的家人。
11. 具民主素養，尊重他人。
12. 有倫理道德觀念，分辨善惡，絕不為達目的而不擇手段。
13. 具有哲理而不傷人的幽默感。
14. 富於創造性。
15. 較不受傳統文化及環境的束縛。

除了舉出自我實現者的特徵，可以作為我們努力的參考外，馬氏又將自我實現者分為兩種類型：

1. 超越型自我實現

是人類中最優秀人才的潛能充分發展，是頂尖型的，不是任何人都可以達到的。其智慧才能都屬於人類中的極少數，而且具有超越的自我實現理念，其潛能的發揮對人類產生重大的指標性影響。近代的代表人物如林肯、愛因斯坦等人。

2. 健康型自我實現

是務實的自我潛能充分發展者。這一類人除已獲基本需求的滿足之外，總是有心要求進一步發展自我的特色，希望由生理的滿足而更達到一定程度的精神滿足；能以人類基本理性的導向來肯定自我存在的意義；及為追求人世真善美最高境界的實現而盡一份責任。在基本上，是多數人都可以做到的，但實際上，據馬斯洛的估計，能真正做到的卻只占一般人口的百分之一左右。

自我實現的需求，理論上是需求層次論的五項需要之一。對人而言，是在滿足基本需要之後即可自然發生。但事實上即使以健康型的自我實現來說，似乎也只有為數不多的個人可以做到。在這方面，馬氏自己也不禁感到失望，他分析有關原因可能有三點：

1. 缺乏的需要因有強制性，故本質上就是強烈的；而成長的需要因是選擇性，故本質上就是脆弱的，因而極易受壓抑和阻礙而放棄。

2. 大多數人一開始就已先受到不良環境的影響。例如在童年期，個體就生活在沒有溫暖和安全的家庭中，進入社會後又不能受到公平、公正和誠實的對待。個人在制式的家庭和社會中生活的結果，一切已成僵化，缺乏自我前瞻性及創造性的活力。

3. 另有部分人本身具有約拿情結（Jonah Complex）的自我封閉傾向。約拿是聖經中的一位先知，他本人明知該依照神的指示傳道救贖罪人，但行為上卻常常逃避自己的責任，逃避的理由竟是非理性的，害怕事情會有太完善的結果。常見有智力、能力都很優秀的青年學生，卻會陷入對自己產生自卑懷疑、貶低自我的價值並因而自暴自棄，失去成長的勇氣，即是約拿情結作祟的現象。

三、馬斯洛的教育觀

　　需求層次論說明了人同時具備了與動物相似的缺乏性本能需要，以及人類特有的成長性自我實現需要。亦可以說人生的發展必須由基層需要的逐步滿足而來。待基礎需要滿足之後，自我實現的獨特天賦需求就應成為我們成長的最高目標。理論上，自我實現需要的出現應是必然性的、是全面性的，但因有選擇因素的存在，其達成又變得似是偶然性、是部分性的。其

為何受到阻滯，馬氏亦提出了關鍵的看法。而在教育的立場上，我們就應該正視應如何減少學生外在環境的挫折，及增加內在面對自我實現的勇氣。在需要層次依序滿足及發展自我實現的核心思想上，我們或可提出有關教育的意見如下：

1. 教育的目的，在於輔導需求動機的成長至自我實現。教師首先必須了解學生的基本需要層次是否滿足。具體而言，生理方面關係到學生的營養及體格是否合乎標準；安全方面關係到學生的家庭是否和諧、校園設備是否容易發生危險；愛和歸屬方面關係到是否教師與學生之間交流順暢；尊重方面關係到教師是否已留意到學生的特殊背景和個別差異。在確定基本需要已經適當滿足之後，學生始有發展自我實現需求的可能。

2. 傳統意義上，學生的學習態度常取決於外在因素；如為了家長、教師的獎勵而盲目爭取成績等。但人本主義學者認為學生的學習動機，應來自內心的興趣。亦即要培養其自發性的求知精神，使學生由知識學習中，同時更加了解自己，悅納自己及環境；從自在學習的教化成就中，體驗可能的高峰經驗，規畫出人生追求的美好境界。

基本需要滿足後的學生，應就會相繼出現成長的動機，從而求知向善以追求自我實現。然在現實學校教育中，所觀察到的學生學習現象，又並非盡然如此。有些學生，縱使家庭環境優渥、父母關愛備至，進學校後對求知活動卻未必有學習動機。按馬斯洛的說法，學生本身具有兩股潛力，其一使他

進取向上，另一使他退縮逃避。究竟何者能夠發揮作用，教師很難強制。不過，如有良好的師生關係，無論如何卻較能影響學生正確的選擇。故在選擇過程中，環境因素（父母、教師、輔導人員）裡，凡能夠影響學生的，都宜善加運用，以幫助學生增加選擇自我實現的機會。

第六章

愛與意志伴隨成長

人是自由的。但隨著人生自由的追尋,卻又會
有焦慮不安的困境產生。如何可以減輕焦慮的
壓力,羅洛梅認為,只有藉助於愛與意志的實
踐。

父母與教師的愛心護導學生的成長

一、羅洛梅論自由與焦慮

在第三章裡，我們提到依照存在主義的理論，人是全然自由的。這個世界，就因為人有自由的心智而產生意義、而多采多姿。沒有任何人可以完全控制另一個人的思想行為，人是不可被限定的。人的存在，就從自由開始，故說存在先於本質。以後人生的一切，都應由自己決定目標方向，個人就是自己最高權力的裁定者。小自今天的午餐樣式，大至成家立業、戰爭或和平，都要由個人判斷作最適合自己的選擇。於是面對各種狀況，壓力隨之而來，焦慮油然而生，人生在獲得自由的同時，就很可能陷入無可奈何的困難情境。

所謂焦慮（anxiety），依存在主義的說法，就成為自由的孿生兄弟，是人面對其自由時的一種狀態。人本主義心理學家羅洛梅（Rollo May）從存在主義入手，將自由與焦慮的關係，歸納為三個部分：

1. 焦慮是自由的產物

自由乃是人的本質潛能，主要表現在發展人的個體化和獨立性時，所面對的一些新的體驗裡。在人的一生中，為了發展和成長，必須隨時面臨無數新的經驗與選擇。人的自由選擇可能性愈多，其焦慮也就愈多。有一個故事說過，某蘋果園主人告訴一位青年，如從果園中採到最大的一顆蘋果，則予重賞。

條件是順著每一棵樹找下去，但不准回頭。於是青年開始細心尋找，一路看到若干紅艷大蘋果，都拿不定主意；直到最後太陽將下山，只剩下最後一棵蘋果樹時，才慌張隨便摘了一顆半大不小的蘋果充數。這就是典型一種自由選擇造成焦慮的效應。自由可為人生帶來更多的機會，而更多的機會又會使人眼花撩亂而失去很多機會。於是在選擇最後的機會時，往往已不是最好的機會。

2. 自我意識引發焦慮

人的一切衝突、挫折均起源於自我意識。幼小的兒童只有害怕而沒有焦慮，但他一旦具有自我意識，出現善惡之分，長大成熟面臨選擇前途的痛苦時，才開始產生焦慮。如小孩子第一次上幼稚園，緊拉著媽媽不肯放手，就是自我意識已可以了解到前途有衝突的情況發生，自己可能已陷於進退兩難的困境。

3. 焦慮的發生與責任、罪疚感密切相關

不管人如何作選擇，在選擇之後都多少會與已成的事實發生衝突。因為人永遠不能獲知如作另一選擇時又會有什麼樣的結果。思前想後、患得患失，又後悔難過，責任及罪疚感伴隨焦慮同時出現。釣魚者永遠覺得今天跑掉的那一條魚才是最大的；初戀但未成婚的情人總是令人難忘。思慮及悔恨過多時，就可能反把自己變成一個畏縮、固執、膽怯和不自由的人。

焦慮無法避免，尤其在現代世界中，人際關係日趨複雜，環境瞬息萬變，人類的焦慮似更有增無減。羅洛梅認為這種情況已為人類社會帶來前所未有的困境，究其原因，約可分為二種來源：

1. 價值觀的喪失

由於時代的劇烈變化，舊的倫理觀、價值觀受到了巨大的衝擊與質疑，而新的人生價值取向又未能確立。例如：

(1)喪失正確的個體競爭觀念。舊社會中人與人之間原來守望相助的人際關係，在新社會裡往往演變成了競爭的敵人關係。崇尚個人冒險犯難、披荊斬棘、以啟山林的英雄豪傑精神，至今日也已變成只知不擇手段爭奪個人利益的流氓宵小行徑；公司同事，甚至鄰居之間都缺乏信任，敵意和怨恨增加了人們的孤獨和焦慮。

(2)失去適當理性功效的信念。人們解決問題時，往往過分片面強調理性的作用而否認情感的價值，從而導致人格的僵化與分裂。

(3)人的價值和尊嚴失落。面對龐大的現代社會機構，個體的價值感和尊嚴感喪失。人們深感無力解決當今時代的許多嚴重的社會問題，個人力量的渺小和無力，使人深感焦慮。

(4)與自然關係感的破壞。由於現代社會過分使用技術來控制自然，使我們和大自然日益疏遠。現代化的生活雖然

給人帶來了前所未有的技術成果，卻同時愈來愈失去了
與自然和睦關係的聯繫。

(5)失去以成熟的愛的方式與別人建立聯繫的能力。例如現
代人把性和愛相混淆，這是導致現代社會性混亂的一個
根本原因。羅洛梅認為性是一種麻醉劑，它雖然能使人
暫時舒緩焦慮，但最終結果卻使人精神更加萎靡，疏遠
和無價值感反而日益加深。

2.空虛與孤獨

現代社會價值觀的崩潰與混亂，其主要後果就是導致人內
心的空虛與孤獨。羅洛梅認為，由於價值觀無法整合而使人格
的統一性遭到破壞。個體不僅對他人和周圍世界感到陌生和不
可理解，甚至對自己、對人類的本性也感到模糊不清，其結果
使人體驗到內心十分空虛。人生缺乏目標，無力感使人變得冷
漠無情。人們總想依賴他人的幫助來擺脫困境，但令人失望的
是，我們對他人的依賴愈大，所得到的就是更多傷害和絕望，
於是焦慮更加循環惡化。

二、愛是解決焦慮的唯一途逕

人的自由帶來焦慮，事實上天下事不如人意者十常八九，
在人的成長過程中，總是布滿了各種不愉快的體驗。如何予以
排除，人們大抵會使用兩種基本的方式：

1. 消極的病態方式

實際上是企圖以「縮小自己的意識範圍」、「逃避自己作選擇的機會」及「扭曲事實的真相」等不當方式；如乾脆將自己的學業、婚姻、就業，甚至餐廳點菜等主權交予他人，來消除自己心理的負擔與衝突。不少人即常以盲目地遵守僵硬不合理的規則，放棄一些自由和責任，或縮小對自己潛能的認識，消極地以否定自我來排除困難與焦慮。

2. 積極的健康方式

指個體在焦慮面前既不逃避，也不墨守成規，而是依靠足夠的信心積極地面對焦慮。這種在奮鬥中實現的價值觀才是更有價值的。個體之所以運用這種方式擺脫焦慮，是因為個體能認清本身的存在價值遠大於焦慮的威脅。如果一個人對某種價值觀深信不疑，並決心為保衛它而不惜犧牲一時的安逸，那麼，在勇敢地面對焦慮時所獲得的成果，其價值就必然超過逃避焦慮的利益。

在上述兩種排除焦慮的方式上，羅洛梅指出，和焦慮對抗的最終目的，是企求能更深切體認存在的意義。以便人在自由、健康、有勇氣和創造性的存在中，生機勃勃地前進。等到焦慮一被排除，人就更能充分相信自己能夠解決自我的存在問題。故在面對焦慮時，消極的逃避只是使自我的存在苟延殘喘，而

積極健康的接受困難，克服焦慮，才是現代社會的人所應追求
的自我實現目標所在。

羅洛梅指出，一個正常健康的人應該是自由的、負責任的
和存在於世界之中的。人從自由開始，是一個以自我為中心的
獨特個體，但卻以與其他人或物產生互動為終止。在與他人聯
繫的過程中，個體必須與他人分享這一世界。在存在過程中，
個體一方面必須保持獨立，以維護自我的整體性；另一方面又
必須融入社會，與社會構成群體作用。獨立和分享乃是人格中
相輔相成的兩個方面。故他認為一個人的存在，除了對自己內
在的意識界負責之外，也必須同時對外在資源供應的自然界及
社會活動的人際界負責。也就是說一個人必須愛自己、愛別人
及愛世上所有萬物。人生焦慮的產生，皆因與環境的互動不良
而起。解決焦慮，重點就在於能解決「人－我」關係間的矛盾。
人－我並重，應就是唯一的生存之道。愛的實踐，就是存在的
最高價值。因為愛含有最純粹的分享喜悅與分擔壓力的意義。
當兩個獨立的、具有完整自我核心的個體存在因愛而產生交流
時，焦慮就可以減輕到最低的限度。

站在教育的立場上來說，愛更含有特別的意義。年輕學生
正對各種意識界、自然界及人際界的活動伸出試探的腳步。在
生澀的學習旅程中，挫折與焦慮卻隨時紛至沓來。這樣一種持
續緊張的狀態中，能夠對學生成長最有助益的，無疑就是對他
的包容與扶持，以免因驚嚇過度，受傷太深而造成人格的扭曲。
弗洛姆（E. Fromm）對所謂「愛」，曾有精闢的闡述，尤其他

將愛定位在一種無私的「給與」內涵上，更是我們在教育立場上應該堅持的態度。弗洛姆認為，從給與的角度來看「愛」，其成分就是關懷、責任、尊重和了解。以一個作為家長或教師身分的人，對子女或學生的愛，就是要能照顧他。把這個認為是再自然不過的一種反應，配合對方的特殊需要，知道他面臨的快樂或憂愁，而能夠與他作深度心靈的融合。而由於另一人情感的注入，就終能從舊的經驗中，蛻化出新的意義。

　　同樣在教育的立場上，愛的付出必然得到愛的回報。感受到愛的學習者，在得以脫離焦慮困境的耳濡目染之下，終亦將能夠愛人及愛物。這種愛心，愈是年幼的兒童，表現得愈為真摯，成為一種最自然的原始情愛反應。於是推及會愛護弟妹及幼小動物，甚至對自己喜歡的物件會小心地收藏。這就是把父母、教師愛自己的方式，也同樣使用到與自己共存於這個世界上的其他人與物等對象之上，從而亦體驗到情感有所發揮的樂趣和享受，使愛得以發揮出最高存在的價值，亦即愛獲得了進步及創造性的意義。

三、愛與意志的調和

　　但是愛有時亦有帶來焦慮的可能。其一是愛會形成氾濫，例如我們常因愛而產生過多的維護與懸念；其二是愛必有終止的時候，例如最無可奈何的終止就是死亡。在教育的立場上，亦會產生同樣的困境，例如盧梭（J. J. Rousseau）就在愛彌兒一

書中指出：「如果我們愛護我們的兒童，他所欲的，不論什麼，都讓他得到，這就反而使他陷於不幸。因為兒童的欲望，愈漫無限制滿足的結果，就會愈為增長；而遲早總有一回要被拒絕，那時被拒的痛苦，就會比他初時不能滿足的痛苦，還要厲害十倍。愛的教育，使兒童得以脫離恐懼不安的學習環境，但過分的保護，卻又可能同時扼殺了學生適當自我成長的機會。」

那麼，我們應該如何引導兒童，使他減少失敗的可能？羅洛梅於此提出了愛與意志調和的說法。他認為在我們實踐愛的時候，還需要同時充分掌握到愛的自主性、目的性和持久性。也就是愛必須在有目標的意志活動中，才能表現其充分的活力。

從人際關係而言，愛是把別人的幸福、快樂看得和自己的幸福、快樂一樣的重要。意志則是表示一種影響別人的願望，兩者都表現了個人向對方延伸的趨向。教育從愛開始，但愛的給與有時目標模糊。例如慈愛的母親縱容孩子，總是為他排除一切困苦與危難，雖云無私，卻易使兒童失卻學習方向，所以需要配合意志的引導。但意志雖有方向，其方向是否正確又是值得探討的問題。如果意志的方向錯誤而且頑固，正如暴怒的父親強制嬰兒不准啼哭，就變成一種權威的壓制，兒童的自然發展當然又受到傷害。

故羅洛梅認為無意志的愛易流於濫情、傷感；而無愛的意志則易變成盲目的操縱。存在的最高價值為愛，因為愛，人生才產生其他的意義，但愛的價值實現卻仍應經意志的判斷。不過我們要明白的是：(1)意志不等於衝動，衝動缺乏理性。(2)理

性不等於權威，權威缺乏客觀條件。

　　羅洛梅所謂的意志，乃是一個有經驗的人所做的一種含蘊適當信心的、道德的、負責任的決定。他認為，惟有當一個人能成熟地肩負起對自己、及受他所影響的對象的責任時；當他能真正做出富有思想的決定時，他的意志才產生意義。他提到詹姆斯（W. James）所說的「健康的意志是一種具有遠見的行動。」也提到孔子所說的「唯仁者能好人，能惡人。」就是指意志有其客觀標準的意思。父母師長適當的意志引導，和愛的衍生一樣，亦就為學子塑造本身意志形成的初步基礎，使其可以踏實面對、審察，終而肩負起自己和他存在的世界的責任。當他學會從他人的愛與意志中做出自我意識上富有思想的決定時，他自己也就成為一個具有愛與意志的人。

　　在教育上，我們明白焦慮是人生必然的挑戰。愛是緩和焦慮的唯一途徑，而意志則是為愛設立一定的目標方向。人生不能沒有愛，或許就像在大海中不能沒有船一樣。有了船，我們尚不能任其漂流，還要知道駕船的方法，這就是意志的功能。然後青年學生可以滿懷信心出航，雖了解路上仍會風雨不絕，卻也知道自己終可到達成功的境地。

第七章

學生是教育的中心

從尊重人性及人性本善、每個人都具有自我實現的潛能等人本理念，羅哲斯發展出一套以人為中心的心理治療理論系統。由以人為中心的心理治療方法，應用在教育上，就形成了教育以學生為中心的觀念。人本主義尊重每個人的獨特自我發展，在教育上，就是尊重每個學生在學習上的個別差異表現。

教育必須尊重學生不同的特色與個別差異

一、淀羅哲斯的自我概念作用說起

「一個人所採用的行為方式，大抵與其自我概念（self-concept）一致。」人本主義心理學者羅哲斯（Carl Rogers）如是說。

有一位被地雷炸得遍體受傷、奄奄一息的士兵被送到醫院。軍醫診斷已難救治，於是請來牧師為他作最後的安寧禱告。牧師禱告完後，照例問士兵有何未了心事有待解脫。士兵望著牧師以虛弱的聲音說：「你看見床頭上我那件上衣嗎？」「是，我看到了，」牧師抬頭看著掛在床頭牆上血跡斑駁的上衣回答。「請你拿下來，」士兵說。牧師趨前將上衣取下，士兵又說：「上衣右邊口袋有一個皮夾，請你取出來。」牧師依言照辦，士兵又說：「皮夾裡有一張二十元的鈔票對不對？」「不錯，」牧師回答並好奇問說：「你準備要做什麼用呢？」此時士兵虛弱的眼光突然發亮凝注在牧師臉上，用力地吐出一句話：「和你賭，我不會死！」

後來，這位士兵果然憑著醫療和自己堅強的意志，終於從重傷中逐步恢復了健康。

另外，有一鞋廠派了兩位業務員至某落後地區考察市場，總經理要兩位業務員在考察後分別提出報告。兩位業務員同時都注意到該地因為落後，所以一般人多數赤腳，甚少有鞋可穿。但甲業務員生性悲觀，於是他提的報告結論為：「當地民眾都不穿鞋子，所以商機有限。」而乙業務員生性樂觀，在敘述同

樣實況後，結論卻是：「當地人甚缺乏鞋子，故此商機無限。」

　　人本主義心理學者依照現象論的說法，認為每一個人都有其不同的主觀世界。亦即每個人因對其周遭環境的知覺均有不同，而會構成每個人獨特的知覺場。由個人獨特的知覺場出發，每個人對於自己的評價及對其他人、事、物都會產生主觀的看法。這種以自我主觀所了解的現象來衡量世界，是一種因為我們永遠難以真正了解真理的必然結果。這個自我意識的功能，羅哲斯就稱之為自我概念。

　　自我概念是由過去的舊經驗所構成，並據之作為對新經驗判斷的標準。其內容包含一切與「我」有關的事物。約可分為(1)對自己的特點、能力的知覺和評價，以及(2)對自己與環境關係的知覺和評價。前者如認定「我是男生」、「我是女生」、「我數學很好」、「我沒有音樂細胞」等概念；後者如覺得「我喜歡王某」、「我不喜歡住在城裡」、「這個公司很適合我」等概念。一個人的自我概念形成之後，對其往後的行為就會產生「一致性」（consistency）的影響作用。例如自認誠實的人不願意使用欺騙的方式來達到目的；負責的人會為完成任務而犧牲睡眠的時間；衡量自己條件不好的人不敢向異性示愛；傾向樂觀的人總覺得生命如花籃等等。

　　自我概念對一個人的影響至為重大。一方面代表過去生活經驗的累積，另一方面則是代表對未來生活經驗的態度與方向。羅氏認為，一個健康的人，簡單地說，就是一個自我概念正確的人。所謂自我概念正確，指的就是過去人格成長所獲經驗，

是在自然及無條件正面關懷中累積而來的。例如兒童表現出天真、可愛的行為而被父母稱讚：「你真乖，真可愛。」又如小哥哥打了小弟弟，母親對小哥哥正面真誠地表示：「你也許有你的理由打弟弟，你打他時也許很痛快，但弟弟卻很痛苦，我也非常難受。因為我不但愛你，也愛弟弟，我不願別人打你，我也不願你打弟弟，我們要彼此尊重。」類此均為形成正確自我概念的來源。但有時父母對兒童雖仍表現出正面態度，卻也會帶有條件關懷（conditional regard）的價值感。例如為使兒童與父母分房而睡給與過多「勇敢無畏」的鼓勵，可能無意中已使其建立自認為是一個勇者的「自我概念」。但事實上，成長後真正面臨困境時，反而不能正視自己怯懦的感受，就產生出自我概念與現實經驗矛盾脫節的結果，嚴重者即招致心理疾病。條件關懷在適量使用上雖不算錯，卻總不如無條件關懷來得自然，且不帶任何功利交換價值的含意在內。

　　羅氏認為，生活中任何與自我概念不相符的新經驗都可造成個人的威脅。此時自我就被迫一則以否定眼前經驗的方式來保衛自我概念的完整。例如學生數學考試成績低落，乃推諉為教師評分不公、同學作弊或自己不在乎等。一則必須適度修正自我，對本身條件及所處環境作更客觀的認知。例如檢討自己對該課程內容真正的了解程度、準備時間與臨場狀況等；切實找出失敗的原因，暫時調整對自己數學能力的評估，而將高標準化為理想自我追求的目標，逐步完成。這樣合理運用現實環境中的情況和事物，反就可以獲得自我更充分發展的機會。

人生樂觀進取，只要在自然的情況下，人都會選擇對自己最好的發展途徑，也就是把握自我實現的機會。這是所有人本主義者都一致同意的理論。羅哲斯的「自我概念」亦循此方向逐步發展出來。羅氏認為人類的學習，均是循著自我實現的原則進行；這種天賦的潛力，自幼就在對環境的好奇及探索傾向中表露無遺。只要身心正常、環境適當，沒有一個幼兒不是自然學會走路或說話的，父母的協助其實功效不大，強力助長有時反而導致小孩骨骼變形或是口吃。又如灌輸以各種僵硬道德觀念或過量技能知識，無端勉強兒童改變其有關的自我概念，結果卻只是造成威脅，反使學生產生出各種不良的防衛機制。

二、人本主義的輔導精神——非指導式治療

在人本主義心理學者之中，羅哲斯一般被認為是最具代表性的人物之一。人本主義心理學的成型，有其歷史背景及理論基礎。羅哲斯由人性本善、個人必然具有自我充分發展的潛能等觀念入手；並以其投身心理治療數十年的經驗，反對精神分析之視當事人為變態；行為主義視當事人為可操弄的等同低等生物或機器。他除了提出自我概念的發展以凸顯人類自我實現潛力的作用外，並另提出一套尊重當事人尊嚴的非指導式治療的作法〔nondirective therapy，或稱患者中心治療（client-centered therapy）或以人為中心治療（person-centered therapy）〕，使人本主義心理學的體系更形完整。並且在心理治療上亦可與心理

分析治療法及行為主義治療法鼎足而三，在主要治療派別中，開拓出一個值得思考的新方向。

　　但是，既然不指導，又如何治療？我們在心理治療或輔導上的眾多派別中，一般基本的觀念，不外乎治療或輔導者，大抵要有相當專業的知識與技術，才可以指導有心理、行為偏差的對象脫離困境。如前述心理分析學派要設法挖出被壓抑作祟的潛意識衝動；行為學派要以機動獎懲的方式，來增強預期的良好行為以減少不當的行為等。這些做法雖有效果，但如前述，在人本主義者眼中，總認為不僅已經把人作為物化操弄的對象，而且由於被動改變的緣故，在外鑠的因素消失之後，當事人故態復萌的機會就相對增加。人本主義講求內化式的自我實現，認為只要給與當事人適當的環境和機會，當事人通常經由自我潛能內化的力量，就可以逐步由偏差恢復正常。

　　羅氏在二十世紀中期左右提出的這種非指導式治療觀點，乍看似有些脫離現實，但以東方思想來看，我國的老子亦早就提過類似的觀念。羅氏就曾指出道德經中所言：「我無為而民自化，我好靜而民自正，我無事而民自富，我無欲而民自樸。」此無為而可以大治的思想，與其基本精神非常相符。不過，羅氏的非指導式層次尚不及於治國平天下的大事（雖然他亦曾有過這種動機）；只在對個人行為失常上，羅氏對一向被認為是相當深奧複雜的心理治療，提出了回歸自然的簡明看法。在尊重任何個人及肯定人有自我實現潛能的原則下，非指導式治療最大貢獻或首在改變了治療者與被治療者之間的關係。

　　因為傳統醫學或心理治療總是把兩者的關係嚴肅看待，其中治療者是絕對的權威，而被治療者又全然軟弱無依。羅氏的非指導式治療，則首先把醫患關係改變為諮商者與當事人（或來訪者）的關係，降低醫療而提升協助的意義。羅氏認為在「人」的原則之下，根本不應有誰高誰低的問題。諮訪雙方雖然角色不同，基本上都是享有同等權利的參與者。兩者之間應成為詢問、商議、幫助等顧問或朋友間的互動關係。以下或是一個典型的非指導式治療實例：

　　當事人，二十歲，女，由她的母親帶來找諮商者。當事人的問題是對生活失去興趣和信心，大部分時間是睡眠，聽收音機或獨自沈思。她辭掉工作，不參加社交活動，甚至終日衣冠不整。她第一次與諮商者的交談幾乎完全抱持消極冷淡的態度，唯一積極的表現是同意下次再來就診。下面是她與諮商者的第一次交談內容：

當事人：……每當我把自己與其他女孩比較時，總是
　　　　好像──我總是覺得完全比不上。……她們
　　　　所做所為似乎都很正常，世界上的人應該怎
　　　　麼做，她們也就怎麼做。而在我想到自己時，
　　　　我總想，「唉，天啊！我還差得遠呢。」正
　　　　是這種精神上的打擊──我開始認識到我走
　　　　岔道了──我的意思是說我沒有什麼進展。
諮商者：妳是說妳並不嫉妒，而是逐漸覺察到她們已

爲生活做好準備，而妳呢，還沒準備好。……

當事人：……我好像總是在往後倒退。眞的，我眞不明白我爲什麼應該活著……很奇怪，我能夠明白爲什麼別人都應該活著，但是我——我對別人的能力都有足夠的信心，就是對自己的能力缺乏信心。……

諮商者：妳能夠理解爲什麼別人願意生活，但是妳自己卻找不出生活的理由。……

當事人：有一件事我拿不準主意——我一直琢磨著——我老是這樣墨守成規，一籌莫展，我究竟圖的是什麼，我反躬自問還是弄不清我要的是什麼。只有當我看別人在追求什麼，我才想，哦，也許這就是我所要的。這事很古怪，我不喜歡這樣。這使我感到——是這樣，使我感到，那是——那是因爲我實在不知道我要什麼，我才不能做我想要的事。……

諮商者：妳一直覺得，在這件事上妳充其量只能選擇似乎對別人合適的目標，但是妳自己要什麼妳卻總是拿不準主意。……

　　在第五次談話中，當事人自己開始說出她改進目前狀況的初步想法，但仍有許多保留。到了第八次談話，她開始比較客觀地看待自己的行爲了。

當事人：如果在家庭中，兄弟上了大學，別人也都很
　　　　聰明，我真不知我這樣看待自己對不對，我
　　　　真的不能像他們那樣嗎？我總是試著像別人
　　　　要求我做的那樣去做，但是我現在弄不清我
　　　　是不是應該認為我就是這個樣。……

諮商者：妳感到在過去妳總是按照別人的標準去生活，
　　　　而且不知道該做什麼事才對，但是妳現在開
　　　　始感覺到最好還是如實地接受妳自己。……

當事人：我想是這樣。我不明白是什麼東西使我產生
　　　　這麼大的變化。是的，我改變了。我們的多
　　　　次談話很有幫助，還有我讀過的那些書。是
　　　　的，我看出有一點不同。在我對事物動感情
　　　　時，甚至在我感到怨恨時，我也不怕了，我
　　　　不在乎。我覺得比較自由。對事情不再常覺
　　　　得內疚。（車文博，民90）

　　從上例中可以看到，在治療過程中，諮商者不指出來訪者
有什麼問題，不勸告、不說教、不分析產生問題的歷史原因。
只是溫馨接納來訪者，以能夠體會及支持的方式，重複和澄清
來訪者自己的感情和態度，使其更好好地理解自我、接受自我；
從而改變消極的態度，並準備更好地適應現實的生活。

三、非指導式治療三原則

在人本主義學派的心理治療中，其實另還有存在治療等，亦是強調人性價值的治療方式。但目前影響力仍不如非指導式治療。原因或是非指導式治療除了精神上完全合乎人本的標準外，前者的哲學意義較為深奧抽象，而後者則除尊重當事人外，羅氏另還在實施上對治療者提出必須自我檢驗落實的一些具體條件，以免非指導式治療有流入空泛，而失去真正人道關懷的原創美意。採用非指導式治療法時，最基本的理論上只要明白人性本善及人都有健康成長的潛在能力；然後諮商者另需經營出一種使來訪當事人覺得完全沒有威脅的環境氣氛，在這種氣氛下可以盡情傾訴。緣一般心理容易產生偏差者，多數都是個人本來就已有脫離現實的傾向，所以與人交往亦總是格格不入，少有與人建立深厚情誼、互吐衷情的機會。現在面對諮商者完全接受的態度，來訪者的防衛性一旦撤離，積壓已久的鬱抑一方面毫不保留的傾瀉而出，一方面則得以重新檢視察見自己的心理狀態。個人一旦能夠面對自己，理論上就不會再受問題困惑，進而即可以自行負責解決自己的心理問題（因為沒有任何人比自己更能了解自己的問題）。

故此非指導的治療方式並不講求太多的治療技術。但最重要的是，如何可以建立決定治療成敗的來訪者與諮商者的良好關係。在這方面，羅哲斯卻很審慎的提出三項諮商者必須具備

的特質與治療原則：

1. 真誠一致（genuineness & congruence）

大多數的心理治療人員應該都同意，治療者與被治療者之間溝通關係是否良好，對治療品質的結果有至為關鍵的影響力量。人本主義的治療尤為強調這個條件。故羅哲斯認為諮商者對當事人表白的積極傾聽（attentive listening or active listening），是建立諮訪雙方關係的第一守則。道理很簡單，試問如諮商者表現出漫不經心的態度來對待來訪當事人，則當事人如何可以坦誠以對諮商者？羅氏注意到的事實是，只要開始以真誠一致的態度傾聽當事人說話，療效基本上就已發生。換句話說，求助的當事人發現諮商者是全然聚精會神地在了解他的內心世界，就會使他自己感到更願意毫無保留地釋放自己，也同時更有改變自己思想、行為的意願。

2. 同理心（empathy）

非指導式治療不重視諮商技術，而要求互相真誠與尊重，認為真誠而尊重應是解開人際問題的重要靈丹。但如何做到讓來訪當事人知道你的真誠尊重，卻可以「同理心」的方式來巧妙地傳達。同理心（又稱神入），亦即在聆聽當事人的傾吐之後，能設身處地以當事人的立場來體會其感覺、需要、痛苦等心境。非指導式治療不以「指導」為治療重點，但亦非完全不作引導。諮商者通常對當事人的陳述不作干涉、勸告等可能威

脅當事人成長的反應。在對話中有時只需頷首認可，有時重點複述當事人的說話表示已聽清楚其意思；但最能打動當事人，使其覺得已真正被了解，卻是在對話中適當的同理心表現。如以下二例：

例一：

當事人：我簡直無法相信，上星期我跟先生約定，他會每天晚上準時回家吃晚飯，結果他在這個禮拜裡，每天都準時回家。我作夢也沒想到他會如此遵守諾言，完全做到了！

諮商者⒜：妳沒想到他會如此百分之一百遵守你們的約定。

諮商者⒝：出乎妳意料的，他完全遵守諾言，那真的很令人驚喜。（張德聰等，民78）

例二：

當事人：那次考試我感覺非常壞，沒想到我考得那麼差。

諮商者⒜：你對這次考試感到很失望。

諮商者⒝：你對這次考試的情況感到驚訝和失望，特別是你曾希望自己做得更好一些。（車文博，民90）

以上二例，在諮商者 A 的反應雖已正確，掌握了當事人說話的意思。但諮商者 B 的反應卻更深一層解釋了當事人內心存有而未說出的話。在此類適當同理心反應之下，諮商員將可逐步引導當事人，增強其探索自我的效果，使諮訪關係更可進步到會心的境界。

3.無條件積極關注（unconditional positive regard）

要求完全互相正面真誠與尊重，諮商員在諮商治療歷程中，除了真誠一致、同理心之外，非指導式治療最極致的原則還是無條件積極關注。有條件表示尚有保留，無條件則是毫無保留的付出。在真誠一致及同理心的表現上，或有時因個人因素未能純熟運用，無條件積極關注則可以彌補任何在治療過程中可能產生的缺陷。羅哲斯認為，無條件積極關注就是對一個人全然的看重、認同、欣賞其價值。不必作任何條件交換就喜歡他、愛他。或譬喻像父母對其子女的肯定與珍視態度一樣，即使子女表現出不合父母心意的行為，父母也不會因此而否定子女。因為在治療過程中，事實上當事人的問題不少是明知故犯、咎由自取，而且經常會有各種混亂、恐懼、憤怒、痛苦等情感出現。這些非理性的表現，很容易使諮商者對當事人產生不滿，從而影響本身真誠一致及同理心的適當表達，甚至中斷諮商的進行。為了防止這種現象的出現，羅氏指出，諮商者必須以最大的愛心與耐心來看待當事人，接納並且關注他當下的態度，而不管其究竟是正是負，或是否與其過去的態度成為矛盾。就

好比在宗教上，有的講求無論如何，也要把「走失的那隻羊」給找回來；有的強調要以「菩薩心腸」，方能達成濟度眾生的結果；說的應都是同樣的道理。因為對於一個他人，而能接納他那瞬息萬變的各種面相，就無疑可對他形成一種溫暖而安全的關係。這種溫暖而安全的感覺，對任何頑固的人格偏差與防衛，應該都是極為有效的溶解因素。羅哲斯認為在治療中，無條件積極關注的情形出現得愈多，治療就愈容易成功。反之出現得愈少，當事人的自我積極性改善就相對同樣減少。

人本主義心理學在經數十年來的努力之後，理論體系已日漸完整，已成心理學界的第三勢力。其影響擴及於社會、文化、醫療，甚至政治等面向，但最直接及關係最密切的，仍在於教育。以羅哲斯的非指導式治療（以人為中心治療）而言，在學校教育中亦逐漸形成了非指導式教學（nondirective teaching）及以學生為中心教育（student-centered education）的觀念，涉及範圍頗廣。例如羅氏即在其名著成為一個人（On Becoming a Person）中，闢「在治療與教育中的意義學習」專章討論有關問題。另外，不少中外學者都已有各種研究，肯定非指導式治療，在學生輔導工作上，可以產生相當正面的行為適應與課程學習的效果。是故非指導式治療，或可為學校學生生活輔導工作上一項值得參考應用的輔導技巧。主要原因就是除了人性化之外，其需要使用技巧之處可以說是最少。其最高的要求即是輔導者必須先有付出真誠、熱忱的輔導工作準備。而真誠、熱忱的服務精神，本來就是所有從事教育人員的特色。

　　事實上，校園中日常所見的學生行為情緒偏差問題，大部分仍屬輕微性質。例如學業不順利、家庭變故、人際關係障礙或是感情挫折等等。一般如能適時獲得照顧，有一個傾吐委曲的對象，得到接納和支持的力量，並不需要太多指導，大抵就能自我調整，恢復面對現實，傷口很快結疤，痛苦不藥而癒。反之，如果在問題初起之時，學生在孤立、封閉的情況之下，只有一味自鑽牛角尖，鬱悶愈積愈深，終至自我概念為防衛與虛幻所困縛，完全與經驗現實脫節。於是嚴重的消沈、墮落、暴力或自殺等狀況可能產生。

　　在現代教育的觀念裡，全人格教育已被普遍接受。亦即學生不僅只學課堂上的知識，而學校所有教職員都應負有學生生活教育的責任。輔導亦不限是某些特定人員的工作，而應是全體學校人員應共同努力的重要任務。羅氏的非指導式治療的輔導方式，理論基礎及技巧都簡明而易於實施。在非指導式的原則之下，學校人員如能更人性化，更能適當地全面協助學生成長，應是有益無害之事。

四、人本主義的教育精神——以學生為中心的教育

1. 三大心理派別對教育的影響

　　人本主義心理學到羅哲斯而理論大備。羅氏著作等身，曾

出版十六部專著,發表二百餘篇論文;其著作被譯為十二種文字,在二十五個國家發行。根據心理史學家吉爾根(A. R. Gilgen)的調查,羅氏在第二次世界大戰後最有影響力的一百名心理學家中,高居第四;而另根據史密斯(H. Smith)對八百位臨床和諮商心理學家的調查結果,其中竟有四百一十五人認為羅哲斯對當代心理治療的影響力超過佛洛伊德而排名第一。

人本主義思想的影響力,在世界各地方興未艾。在多位卓著而有遠見的心理學家推動之下,終而取得與心理分析學派及行為學派鼎足而三的地位。這三派學說從二十世紀以來,不但對人類心理行為的研究影響甚大,而且廣泛應用到各種其他學科及社會生活之中。尤其心理學與教育關係至為密切,例如心理分析的重視潛意識及幼時經驗,行為主義的重視增強效果,以及人本主義的重視個人價值,在近世紀以來均對兒童成長、學生學習產生甚大的啟示作用。其實不論任一學派,其目的均在求更能了解行為,進而提升人類生活品質的效率。不過因為立論的不同,在應用上就會有不同的後續方法出現。回到教育的主題,我們不妨先將三大主要學派對人格成長的基本看法作一簡明比較:

三大心理學派理論有關人格成長要點比較表

派別 要點	心理分析	行為主義	人本主義
心理（人格） 結構	人格中的本我、自我和超我三部分各自為政，互相牽制。	各種心理行為的表現均有獨立的意義，應分別觀察。	人格為一整體，心身亦為一整體，有共同一致行為目標。
心理內容	重視潛意識	否認意識的存在	同樣重視意識及潛意識
心理動力	生物性	機械性	人性（社會性）
心理（人性） 傾向	性惡論	性無善惡論	性善論
心理態度（人 生觀）	人生悲觀無奈	人生現象均為被動反應	人生樂觀進取
心理（人格） 成長	重視防堵壓抑	重視獎懲控制	重視鼓勵向上

　　上表以六項要點比較三大心理學派的理論體系。因從不同的心理結構開始，心理分析和行為主義是多元的，而人本主義一開始即採取統整一元的看法。因結構的不同，在心理內容及動力上，前二者就難免有衝突的或盲目的結果。而人本則以人的意識可以調和潛意識，使人成為適合社會生活的理性動物。

　　由於機械性的大前提，行為主義免不了落入人性缺乏意義、人生都是機械性活動的結果，人的成長學習都是由刺激反應產

生的制約作用而來。在教育上就是運用獎懲的方式，使個體養成趨吉避凶、奉行社會規範、避免觸犯法律限制的行為。心理分析則由於重視生物性動機，認為人亦如同其他動物，只求發洩自己的欲望，對人來說就是性惡的傾向。人生悲觀無奈，只能盡量作修補防堵的工作。所以教育就是要學會否定自己的欲望，要依照現實情勢不斷的反省改過，才能適合和諧的社會生活。至於人本主義，乃從同樣重視生物性和理性開始。理性存有指導生物性使之發揮潛能、選擇與人為善；如非受其他惡劣環境壓力的影響，人性必是樂觀進取、追求自我實現的。在教育的立場上，主要為學習者安排優良的學習環境，準備好適當的學習材料，鼓勵學習者自行選擇吸收。只要目標、方法正確，實不必作過多的干預指導，個體就會依最有利自己的方向發展成長。

　　人本主義從人性本善、人生自由、人格不可分割、人必可自我充分發展等基本理念，確立了人有異於其他生物的理性價值與尊嚴。人生的意義是整體性的，最高的整體目標就是要求達到自我實現的境地。二十世紀初期，佛洛伊德的潛意識理論，促使大家更清楚的認識幼時經驗對成人後的人格傾向，有絕對的影響力量。稍後行為主義隨著科學知識的發展，將心理學等同自然科學處理，乃能建立行為更精密的觀察方法，進而發展出是否可以預測及塑造行為的教育目標。基本上，這兩派學說對增加人類心理的了解，以及解釋學習過程的意義，均有相當的貢獻，而且殊途同歸，都是為人類描繪一個更美好、更圓滿

的世界。

作為心理學界的第三勢力，人本主義者甚至亦曾從第一及第二勢力的學說中，獲得不少啟蒙的作用。亦即是多數人本主義學派的重要學者，早年都曾與心理分析或行為主義理論有過相當程度的接觸，亦由此得以從修正的立場，在後來選擇人本主義時，更顯得是經過深思熟慮之後所作的決定。

例如奧爾波特初從哈佛大學獲得學士學位那一年，曾至歐洲，路過維也納；因為仰慕佛洛伊德，特別前往拜訪請益。奧氏後來在其自傳中記述當時情境：當奧爾波特走進佛洛伊德的辦公室就座後，佛氏便等待他先開口。沉默片刻以後，奧爾波特提起他在車上看到一個約四歲大的小男孩，顯露出特別的潔癖。他似乎感到周圍都很髒，一直地調換座位，不斷要求他的媽媽：「我不要坐在這兒……不要那個骯髒的人坐在我旁邊……。」奧爾波特講完以後，佛洛伊德打量一下這位看起來整潔而體面的年輕美國人，然後問他：「你說的那個小孩就是你自己嗎？」這一次經驗讓奧爾波特感到相當尷尬，使他覺得心理分析似都將人從病態的角度來看，卻可能忽略了更正常重要的東西。他認為自己去拜訪佛氏的意思原本很簡單，卻被誤解了。於是回到美國後，他發現自己已失去了繼續探討心理分析的興趣。

另羅洛梅早年亦曾在紐約市威廉‧阿蘭遜‧懷特學院研讀心理分析學，後來轉至哥倫比亞大學，在獲得博士學位之前罹患了當時還很難治療的肺結核病。歷經三年，幾度瀕臨死亡。

在這段期間，他學會了傾聽自己身體內部的聲音；他發現要恢復健康，必須以積極而非消極的態度來面對。一個人有了生理或心理的疾病，在治療過程中不能只消極接受治療，而必須是一個積極的參與者，隨時與自己的各種心理障礙進行對抗，這就是為自我的「存在」而戰。羅洛梅在生病期間，從自己深刻的焦慮體驗開始，同時又因潛心閱讀存在主義學者祁克果等人的著作，對其所探討的焦慮的機制、結構及其對人生存在所產生的意義等各種看法，深有所感；於是逐步由一位心理分析學家轉變為存在分析學家。後來他自己就說：「面臨死亡的焦慮是一種有價值的經驗，在這種經驗中，我學會了面對存在。」

又另外馬斯洛則與行為主義有過密切的關聯。事實上，馬氏甫進入大學初接觸行為主義領導者華生（J. Watson）的著作時，就為之著迷不已。認為當時正風行的行為主義代表了心理學最正確的發展方向，能夠為社會的再造提供一切答案，因而決定以心理學為終生職志。其後馬斯洛並曾追隨兩位行為主義重要人物哈羅（H. F. Harlow）及桑代克（E. L. Thorndike）做過不少動物實驗研究。但後來馬氏接觸日廣，與新心理分析學派阿德勒（A. Adler）、弗洛姆、機體論學者高斯坦以及完形學派魏泰邁（M. Wertheimer）等有過往來，逐漸使他發現人性究竟有其迥異於動物性之處。尤其後來有兩件事更使他由行為主義轉向探討人類本質的傾向：其一為其長女出生的影響；嬰兒看似單純其實複雜的行為，突然讓他覺得以動物實驗來解釋人類的經驗是一件荒謬的事。於是他結論道：「我敢說，任何有過

孩子的人，都不會成為行為主義者。」另一件事則為一九四一年珍珠港事變發生後不久，戰爭的氣氛蔓延至美國本土，有一次馬氏目睹激昂的遊行隊伍，群眾高呼口號、大聲哭泣的情境，震痛了他的內心深處，自己亦不禁流下淚水。他突然察覺到戰爭的無情與非理性，在他看來戰爭就是人類的偏見、仇恨和卑鄙心理的縮影。馬斯洛於是決心獻出他的一生，試圖找出一種關於人類行為的普遍理論，亦即建立起一種能發揮人類高貴情操的和平心理學，以求超越人類的偏見、仇恨，證明人類本質上就有達成更完善、更高超境界的能力存在。就在這不久的一九四三年，馬斯洛發表了他的重要論文人類動機理論（A Theory of Human Motivation）。在論文裡，他首度提出了需求層次論的基本架構。

還有羅哲斯和馬斯洛一樣，早年在就讀哥倫比亞大學時，接受的亦是嚴格的科學訓練。妙的是他曾計畫將他的第一個小孩依照行為主義的原理來養，後因妻子反對而作罷。其實羅哲斯不但接受過行為科學的訓練，且因為他後來主修臨床和教育心理學博士學位的緣故，使他對心理分析亦有相當涉獵，畢業後早期工作亦以心理諮商治療為主。不過羅氏很快地就對當時流行的以治療者為中心的方式不以為然。以治療者為中心，即是治療時由治療者扮演全知全能的角色，當事人則是全然脆弱無知的，治療者掌控一切過程細節及成敗。羅氏在執行治療的經驗中，一方面疑惑日增，一方面當時已有不少新心理分析學派的學者，也因同樣的理由，開始自傳統式治療中分離出來，

摸索創立自己的理論並開業實踐。其中蘭克（Otto Rank）的「個人有自我指導的能力」說法，使羅哲斯聯想起在哥大學到有關杜威（J. Dewey）所提出的「教育要以兒童為中心」的觀點。在受到這些理論的啟示之下，羅氏開始孕育出自己非指導式治療的初步概念。他愈來愈有理由確定在治療過程中，其實當事人比諮商者更有發言權。他們才是最明白是什麼傷害了自己、關鍵之處何在、治療走向應該如何、什麼經驗仍然深隱未現等。羅哲斯由此建立了他在人本主義心理學中最重要的「以人為中心」的治療方法。

2.人本主義的教育理念──以學生為中心的教育

在人本主義心理學派中，一般認為馬斯洛的需求層次及自我實現的觀念，明確地為人性發展建立起完整的理論體系，故此乃可稱為「人本主義心理學之父」。但至於對人本主義心理學的發揚貢獻最大，使之可以具體應用於醫療、教育、政治、社會上並產生重大影響的，則非羅哲斯莫屬。羅氏從非指導式治療開始，結論是心理問題的處理，應以當事人為中心，而非以任何他人為中心。在任何需要有協助的關係上，真誠一致、同理心及無條件積極關注，都是解決問題的不二法門。

羅哲斯對於教育問題，也採用上述的理念。因為教育事實上亦是一項典型的助人事業。在他的當事人中心治療的理論上，認為人自身都具有健康成長的潛力，只要獲得良好的氣氛環境，個人就能夠改變自己，不藥而癒。同樣在教育上，學生亦自有

求知進步的潛在能力，只要給與合適的學習環境，他們就會學到發展自我所需的一切。

人本主義思想興起以來，曾在七〇年代後對美國的教育產生影響甚大。依照台灣師大教授陳照雄的分析，其大要為：「在教育思想上表現為重視人類自由、個人選擇以及促進自我實現；在教育目的上強調全人教育、生活教育和人格教育；在教育本質上，肯定教育是一種價值引導及創造的過程；在教學方面，強調創造力啟發，經驗的學習以及情感的陶冶；在課程方面，重視內容的適切性，設計的統整性和組織的彈性化等。故在美國教育思想變動的過程中，教育回歸以人為本的精神乃逐漸顯現。」

至於在國內，近年來的所謂全人教育、終身教育、開放教育、通識教育、多元學習、教育鬆綁、平權教育、森林小學等，其實亦都是由人本的尊重人性教育的基本精神而來。羅哲斯等的放棄權威領導，改以學生為中心的教育觀念，亦無疑提供了我們值得思考的方向。

第八章

每個學生都是人才

每個學生都必有其學習性向上的不同表現。能夠了解學生不同的學習性向,並加以配合,學習的過程就會更加順暢,而且一定可以達到特定成功的效果。

仔細看　每個學生表現都很優秀

一、學習就是個體認知結構的發展

母雞怪小雞：「你這個壞東西，我辛苦教你咕咕咕，你怎麼一直嘰嘰嘰。」

小雞回母雞：「別罵我壞東西，我已經拼命學咕咕咕，但我還是只能嘰嘰嘰。」

人本主義心理學於二十世紀中期在美國興起。其發生原因與批判心理分析及行為主義的理論甚有關連。再深一層追究，可以說是由於對當時學校教育不滿而來。因為二十世紀以後，科學發展迅速，尤其在美國實用主義哲學的領導下，重視科學與追求功利的觀念密切結合，而使美國國力突飛猛進，一夕間成了世界上的首強。在志得意滿之餘，學校裡充滿了科學第一及凡事皆看結果不問過程的務實作風。本來科學及務實的態度也沒有什麼不好，問題是太過強調的結果卻有了至少四項後遺症出現：

1. 因特別重視科學技術而忽略了人文社會關懷的精神。人被等同物化，人性的價值日漸沈淪。學生學習的不再是如何修身做人，而只是計較將來如何有更多事業成功的機會。智育成為唯一的出路，其餘均遭忽視；人格嚴重分裂，人生只剩下機械性的功利追求目標而缺乏意義性的自我成長目標。

2. 因為要達成大家一致的目標，個人特質受到抹殺、個人思想

不被承認；價值標準由權威訂立，偏重壓抑式的外鑠統一管理；要求每一個人都依照一定的制式求知。因個人獨特性而產生的多元包容精神，因此也無法存在於威權僵化的社會。

3. 在功利、效率的要求之下，學校成了工廠式的加工場。學生大量以齊頭式標準進入學校，接受制式一致的教育。然後以齊頭式標準離開學校，完全失卻對學生個人價值及自我發展的尊重。

4. 大規模機械式外鑠被動學習的結果，導致學到的都是一些固定的零碎知識；在技能上也許很有用，卻缺少了培養主動思維、隨機應變的創造發展能力。於是自我實現的潛力受到阻塞，人只求達到標準，無意追求突破，整個社會的發展也因此受限。

　　美國的科學制式及外鑠壓抑式教育，在自以為國富兵強領先各國的狀態下，至一九五七年，由於突然發生了蘇俄率先發射斯波尼克號人造衛星而終於全面受到檢討。何以重視科學教育而科學反而落後？而且學生一般學習能力亦有日漸低落的趨勢？重功利而人際關係日漸疏離等現象益顯，無疑是教育過程與教育體制和我們的社會生活方式息息相關的結果。於是有識之士體認到教育在強調社會整體價值的同時，可能因個人價值的受到忽視而使學生喪失了真正自我成長的機會。在校時斤斤計較於學校分數，離開學校之後，在巨大的社會權力結構之下，又只能向大家所謂具有共同價值的「職位高低」、「薪水多寡」

等標準看齊。社會及學校均以權威為中心，在社會上存在的人及在學校裡存在的學生只成了一個依附體或符號。個人的價值直跌停板，人生的意義要憑外在的標準來論斷。在以權威為中心的氣氛下，在團隊行進的規範下，凸出不被允許，落後即遭淘汰。整齊、僵化、壓抑的教育終致造成學習動機的傷害，及知識的停滯不前。

　　美國眾多教育與心理學者有鑑於此，紛紛提出必須改弦更張的看法。最為一致的態度，即是應由強調人的動物性本能學習回歸到人類本身學習心理的研究，其主要重點有二：

1. 人的學習並非單純刺激與反應聯結的結果，而有其意義認知的功能存在。而意義的產生應以學習者的認知為準，而非以教導者的認知為準。美國哈佛大學教授布魯納（J. S. Bruner）即指出：「教學生學習任何科目，絕不可只對學生灌輸某些固定的知識了事，而是要啟發學生能主動去求取有關知識與組織知識。教師不能只把學生教成一個活動的書櫃，而應教他如何思維。教他學會如何像歷史學者研究分析史料那樣，從學習過程中組織起自己的新知識。」故求知是一種自主的活動，而不只是被動地接受別人所得的結果。

　　　心理分析及行為主義學派，以動物性本能的滿足來看學習的形成，傾向於外鑠而屬於非理性的一種行為。布魯納則以意義的獲得來解釋學習的形成，是一種屬於內化的理性行為。布氏認為學習絕非是純粹機械性的結果，而應是個體對新經驗由知覺、辨別、理解，從而獲得新知識的歷程。知識

乃如房屋的結構，由地基、樑柱……逐步往上增添。個體在學習時，亦即是運用其已有的知識內涵，去認識新情境；經過比較融合之後，從而改變擴展自己原有的認知結構。故而學習的產生是主動的、內化的，是具有整體性的。學習效果的良窳，關鍵在新舊經驗是否能產生意義。所謂意義的大小，就是舊經驗含有與新經驗可以契合的因素有多少。例如在初學乘法時，就必須先有加法的概念，然後以 9 ＋ 9 ＋ 9 來解釋 9 × 3，就有了意義；又如教「斑馬」一詞，如已有了「馬」、「驢」、「條紋」等先備概念，就容易說得明白。而先備概念的有無，完全是學習者本身的條件。教師若能在教任何一門功課都能留意到學生先備概念的問題，就會產生意義學習的結果。否則一味以威權式的灌輸方式，只單向決定學生該學什麼，而不問學生的有無需要，能否接受，當然就產生學習障礙。

2.學習必須從意義開始，否則事倍功半。對人類而言，其情況尤為複雜；其他動物的學習，能力容有差異，總是相去不遠。但人類由於體力、智力、人格傾向及經驗背景等複雜因素影響，常常對同樣的刺激因素，卻會作出很不相同的反應出來；學習的結果更有明顯的差異。同樣的課程、同樣的教師、同樣的環境，如前所言，但可能因每人認知結構內涵的先備概念有所不同，學習新材料時所能發生的意義亦就會有所不同，於是學習後所得結果也迥然不同。

更有進者，人類的學習速度等條件差異亦較其他動物之

間的差異要大得多。有的人學得快忘得快、有的人學得快忘
得慢、有的人學得慢忘得快、有的人學得慢忘得慢；有的人
學習以聽覺為主、有的人學習以視覺為主，不一而足。結果
有人就將之視為所謂學習能力的高低。但美國心理學家卡洛
（J. B. Carroll）和柏隆姆（B. S. Bloom）等卻不同意這種說
法。他們認為每個學生都不免會有自己的學習性向，甚至有
的人早晨學習效果較佳，有的人卻晚上學習效果最好，做教
師的責任其實是要找出學生最好的學習傾向來。理論上，如
果課程能夠配合學生特殊的性向，並給與適合他的充分學習
時間，則一般學校的課程對正常智能的學生來說，就沒有學
不好的道理。學生之所謂學不好，大抵都是教師對學習傾向
及速度有所不同的學生，施以同樣的條件教學所產生的結果。

　　卡洛和柏隆姆兩氏的教學理論，其實脫胎於行為主義的編
序教學方法。亦即常將一完整課程教材分為多個小單元，每個
小單元都使用增強鼓勵的方式，不計時間，使學生學至熟練為
止。如此循序漸進，終至學會全部課程的學習方法，即稱為精
熟學習法（method of mastery learning）。此法雖由行為主義的增
強理論開始，但結論卻是必須尊重學生的學習個別差異。我們
曾經強調，不論是那一種心理學派或教育理論，其實最終都是
要求解開人類複雜的心理行為奧秘，存善去惡，以增進人類生
活福祉為最高目標。不過在潮流上，愈來愈重視如羅哲斯等人
所揭櫫「以人為中心」的思考方向，卻是更能掌握真實人性並

應予以發揚的正確大道。

二、有教無類與因材施教

羅哲斯的以學生為中心的教育理念，主要重點有二：(1)學校和老師必須把學生以等位的「人」格對待，相信每一個學生的本性都是好的，任何正常的學生都能自己教育自己，具有自我實現的潛能傾向。(2)應將學生視為學習活動的主體，教學要以適合學生的需要為中心，尊重學生的個人經驗，規畫一切可能的情境和機會，來促進學生學習和成長。這兩項重點綜合起來，和我國儒家「有教無類」及「因材施教」的思想竟完全一致。

孔子在二千五百多年前即已理解到，在教育的原則上絕不可以有階級、種族、好壞、聰明或魯鈍的分別；並已確信真正人的價值，與個人的家世、財富等背景無關。人要受教育，就只是為了要積極向上的原因，這就是有教無類的精神。而且孔子教學，不以那些課程為準，而是以教授那些學生為準。所用的方法，是熱心依照某個人的需要來指導學習，每個人的科目都不盡相同，甚至同一個學習問題，孔子回答的內容都可能不同。例如單是一個「仁」字，孔子對不同的學生，就會有很多種不同的解釋。但不管怎麼樣的解釋，他總使他的學生能夠在安適而不緊張的學習情緒下，豁然有所收穫。他很少責備錯誤的應對或行為，而總是激勵正確的應對和行為；他不著重僵硬的灌輸，而注重合理的引導；從不企圖用書上的或自己的尊嚴

來壓抑學生，只是循循善誘的服之以理；如不能說服，則先放下不談，慢慢再研究。他有教無類及因材施教的態度，能夠獲得青年學子的完全信任，並獲得後代的景仰而尊奉為教師的象徵代表，就是因為他能徹底了解學生就是他自己的目的所在。在二千五百多年後，有人大聲疾呼教育必須要以學生為中心的時候，就很難使人不想起他二千五百年前所踐行的有教無類與因材施教的理念來。

　　羅哲斯認為近代教育在嚴重的以教師為中心的走向之下，起碼已產生了八項不利於學習者的弊病：

1. 教師擁有知識，學生是容器，只能是知識的接受者。

2. 講授或其他闡述式教學方法，是灌輸知識的主軸。考試往往是壓迫及測量學生接受知識的手段。它們就是傳統教學的核心。

3. 教師是權力的擁有者，學生只能服從。而行政領導又是更高層權力的擁有者，教師和學生都得服從。

4. 權威形成課堂上必須遵守的政策。作為權威人物的教師，被看作是知識的源泉。他們不論是受到欽佩，還是被瞧不起，總是居於中心位置。

5. 教師難以信任學生；學生對教師的動機、誠意、公正、能力也常抱懷疑態度。

6. 教師認為管理學生的最好方法，是使他們經常或斷續地處於恐懼的狀態中。小學生常受蔑視；中學生怕考試不及格、畢不了業；再加上升學就業的威脅，大學生和研究生負擔更重，害怕得不到學位等。

7. 民主及其價值在教育界受到踐踏和嘲弄。學生不能參與選擇
   他們的個人目標、課程或學習方式,這些都早已被規定。對
   教師的選擇,或者對教育政策的看法等方面,學生沒有發言
   權。同樣的,教師也無權選擇他們的行政官員,他們也多數
   不能參與制訂教育政策。

8. 在傳統的教育體系中,只強調智育,不重視整個人的全面發
   展。在小學中,正常兒童的好奇心和旺盛精力被約束,有時
   還被扼殺。在中學,所有學生最強烈的興趣——如性、情感
   和生理的關係——通常反被有意忽視,這種興趣不被看成是
   學習的重要領域;中學對情感很少提及。大學這種狀況更甚,
   似乎只剩心智學習受到重視。

　　在這些弊病的影響之下,有教無類與因材施教的精神可說
已受到極大的扭曲:(1)學習標準均由教師訂立,設置無數門檻
作為淘汰篩選的工具,例如後段班學生等同被放棄;前段班學
生的所謂菁英教育在僵化的課程之下,也不過只是教出一群讀
書機器。教師與學生之間只有機械式互動而缺乏情感交流。(2)
個人性向全然不受重視,教學與學習模式缺乏彈性。教學過程
中,不但不能主動了解學生的學習程度,隨時調整以為適應,
而對於部分具有特殊潛能的學生,更不可能予以輔導,使其潛
在能力得以化為現實的成就。

　　在人本主義的原則上,每一個人都必有其獨特的性向。沒
有兩個人的性向會完全相同,亦即世界上有多少人便有多少種

不同的性向。故為教師者絕不可任意判定那一個人為不堪教誨或無可救藥，只有永遠不停地去找出最適合某一個人的學習方向。愛迪生和愛因斯坦都曾經被視為低能兒。更多的例子是有某一項特殊才能者在另一方面卻是笨拙無比。如牛頓常弄不清楚自己是否已吃過午餐；而莫札特不善理財甚至無法打理自己的生活等。我們學校裡像這一類的學生當然也比比皆是，各有專長，正等待著教師予以發掘。心理學者葛納（H. Gardner）曾將小孩子的學習風格概要分為七類，可以作為教師及父母教導時的參考：

1. 語文智慧型

語文智慧型的兒童聽力及語言能力較強，記憶力也較強，喜歡閱讀及寫作，對說故事及發表個人意見興趣亦濃。這一類型的兒童適合多用說話、傾聽和閱讀來學習。

2. 邏輯—數學智慧型

這一類型的兒童較長於抽象思維，對數字特別敏感，對自然現象常提出質疑。除了向成人提問之外，他們也喜歡自己做些實驗或使用電腦來解決自己的疑惑。這類學生適合使用科學推理，自己可以思考驗證、找尋答案的探索方式來學習。

3. 空間智慧型

這類兒童思考時，腦中似乎總有清晰的圖形影像出現。他

們永遠注意到自己與四周環境的位置關係。掉了東西請他去找絕對沒錯;開車時他會帶路;房子裡布置改變時他第一個發現。這類兒童喜歡看電影、照片,喜歡玩拼圖、美術設計、積木、畫畫。機械等有關形體的教學材料最容易引起他們的興趣。

4.音樂智慧型

這類型的兒童音感特強。一聽到音樂,就會跟著節拍起舞或唱和,很容易學會唱歌或演奏樂器,更隨時都能表現出他們對音樂的欣賞能力。他們常能聽到別人不注意的聲音,如池塘蛙鳴或遠處的鐘聲,而且辨音能力也強。這類兒童,如以唱歌來學語文,效果特好。

5.肢體—動感智慧型

就是坐不住,動個不停,活力充沛。喜歡體能活動,打球、游泳、溜滑板,凡是體力的活動他都有興趣。可以做高難度的身體迴旋動作,也可以做細緻的手工藝技巧,和人說話時也喜歡碰觸別人。這樣的兒童不妨考慮多學舞蹈、體操或表演等技能。

6.人際智慧型

人際智慧型的兒童可能天生就是帶頭的孩子王,通常具有憑感覺就了解別人的能力。所以他們最清楚所有人心裡的事,故此也善於溝通、組織和操縱各種人際關係。這類兒童在合作式的課程學習——如探視養老院的活動等通常表現最好。

7.內省智慧型

與人際智慧型的兒童一樣，內省智慧型的兒童也屬於很有主見的類型。但不同的是他們較喜歡獨處。他們一般都對自己相當了解，對外界事物也有自己的看法，但不善與人交往。所以平時沉默，卻又易與人發生爭執。在學習上傾向獨自研究，交給他一件適當的工作，說明有關的過程及條件，他通常就會在一定時間內作出令人滿意的表現。

你的學生或孩子擁有那一類型的智慧呢？細心地觀察，就一定可以發現他有那些過人之處。美國作家馬克吐溫（Mark Twain）曾經做過船工、記者、辦過報及開過礦，但都不成功，最後專事寫作卻名利雙收。又年前曾有一位台灣及另一位大陸的智障青年，卻能指揮數十人的職業交響樂團。揮灑自如，表演的完美出色，令所有觀眾為之動容。依照以學生為中心的教育理論，無疑就是有教無類及因材施教的學習效果。這兩個「白癡」，不，這兩個音樂智慧高於你我的「天才」，注定就是要成為——音樂家。

三、威嚇是教育失敗的開始

以學生為中心的教育，一言以蔽之，就是以提供孩子溫暖的學習環境為先，勿使在學習的過程中遭受到無謂的挫折，終

而失去繼續學習的興趣。這些因失去學習興趣而離開學校的中
輟現象，就代表了有教無類及因材施教學習的失敗。中輟使得
學生失去受教育的機會；而為何中輟，主要就是未能因材施教
所致。

1. 威嚇是挫折的主要來源

因材施教的理由乃在於使得課程能配合學生的性向及學習
程度。一旦學生能夠毫無困難地自然學會修習的科目，上課就
變成一種快樂而能獲致成就感覺的活動。學生就會視教師為知
心的朋友，學校是與朋友共享的樂園，每天都有新的樂趣與發
現。在這種情況之下，學生就再也沒有拒絕上學的道理。反過
來說，如果學生對課程毫無了解，就當然不能體會到學習的趣
味。教師變成只是惡魔的化身，學校等同牢獄，只要能夠逃離，
一切後果可以不計，中輟由此產生。即使勉強繼續就讀，每天
也是痛苦萬分，無法獲得紓解。因材施教就是要解除學生對課
程的恐懼，而不能配合學生程度的威權式課程就是一種威嚇。
因為威嚇就含有壓迫人去做他做不到或不願做之事的涵意。

做不到的事，指的是超過程度的學習。兩眼瞪著教師在台
上講一、兩個小時自己一句都聽不懂的話，無疑是一種痛苦的
煎熬，要教師自己去嘗試也絕不是好過的滋味。學生到此地步，
無疑就產生挫折的感覺，而一到考試更備感焦慮，而且除了逃
避又似別無良方。不願做的事，指的是超量的作業。學生雖然
可以勝任功課，甚至是明星學校中的明星學生，卻又被夜以繼

日的學習，連同回家後無盡的作業壓得無法透氣。常在新聞中
見到明星學校的優秀學生竟為課業或考試而輕生的新聞，應就
是不堪威嚇，只求解脫所生的效應。在威嚇教育中成長的多數
人，有時至離開學校多年後還會發生因夢中重返教室或考場而
嚇出一身冷汗。教育本身絕不會失敗，失敗的教育卻必從不當
的威嚇開始。

2.體罰不是解決問題的方法

　　威嚇的更嚴重方式應就是體罰，而且體罰具有立即的效應。
雖然一方面在最短時間可以壓制權威者所不願見的行為出現，
一方面也立即造成學生身心相當深刻的創傷。體罰之應否存在，
一向在教育界引起相當的爭議。贊成體罰者除了體罰有其立即
壓制不當行為的效果之外，另外主要理由則為：

　　(1)有激勵努力向上的作用，使學生可以更充分發揮潛力，
達成原來可能做不到的目標。(2)在團體中除壓制個人的不當行
為之外，並可殺雞儆猴，防止別人也有同樣不當行為的發生。

　　不過，在人本主義的思想裡面，卻傾向絕對不贊成體罰的
發生，理由為：

　　(1)人有其獨立尊嚴。人不是任何他人的附屬品，尤其是強
　　　調以學生為中心的教育，就更應尊重學生的自主權。不
　　　應任意侵犯及造成其精神上或肉體上的痛苦。

　　(2)理論上，使用因材施教方法，在學生快樂學習的情況下，
　　　學生不會無故發生不當的行為，體罰並無施行的必要。

為避免體罰成為教師發洩個人情緒的藉口，應有必要不容體罰的發生。

(3)部分學生的嚴重惡質行為，例如有毆打教師甚至父母者，應如何處理？人本主義者認為仍然不可使用以暴制暴的方式來處理。因為體罰在基本意義上亦屬暴力行為。如果學生的暴力行為是不當，則教師使用暴力行為亦是不當。而且以暴易暴的方式只有使暴力風氣更無限蔓延，這在甚至行為主義的心理學家實驗中亦早已作出證明。體罰只能收一時之效，而且容易引起仿效學習的結果，得不償失。

(4)如確有必要管理學習場所的秩序，避免不當行為的發生時，為貫徹以學生為中心的教育理念，應由教師與學生共同商訂有關維持秩序的契約，共同遵守實施獎懲。目的仍在於尊重學生自治以及協助其適當的自我成長。

第九章
傾聽學生的心聲

學習絕不是單向知識的傳授，而應是師生雙向
情意的交流與融合。在教育「以學生為中心」
的理念之下，教學很自然的就應先從用心傾聽
及接納學生開始，而學生則以知情意行合一的
學習為目標。

雙向情意的交流　可以消除師生間的鴻溝與隔閡

一、大家都一樣是人

　　人本主義在心理學上、在教育學上的最根本立場，即是從尊重「每個人」開始。因為人人都有獨特的經驗存在，經驗組成其自我概念，從而影響外在的行為。在教學實施上，父母或教師欲以其較豐富的經驗教導學生學習時，首先便要知道學生目前的已有經驗到達什麼地步。依照人本主義學者的說法，亦即先了解學習者目前的現象場（phenomenological field）或稱知覺場（perceptual field）的結構，然後依據其已有的舊認知建構，再合理引進新認知結構，才能達成有效的學習結果。否則教者與學者的認知結構無法互通，各自形成鴻溝與擋牆，也就是所謂產生了代溝的意思。

　　任何兩個人的認知結構必有其相同及相異之處。而如何增加相同、減少相異，就是教育成敗的主要樞紐。孔斯即曾指出：「要了解一個人的行為，就得先了解那個人是如何從他的觀點來知覺他的世界。當你根據某一項事實來處理一個人的行為時，應先考慮該項事實對你和他可能具有不同的意義。因為事實即使是客觀的，但每一個人所知覺到的現象卻會大不相同。……知覺是構成信念的基礎，不同的知覺會產生不同的信念。不同的人既對同一事實有不同的信念，該項事實對不同的人，當然就會有不同的意義。因此，要想改變一個人的行為，絕不能只從行為表現上去加以矯正，而應設法從改變他的知覺或信念著

手。因為人是先有不同的信念，然後才會產生出不同的行為。」

故此教師要想了解學生在某種情境下表現的某種行為，應先了解他們如何知覺此一情境。常常教師認為看不順眼的一些行為，學生卻認為是很自然的表現。於是學校的課程或活動不易獲得學生認同，有關的規定學生不願遵守，就是起因於教師與學生的有關知覺及信念，未能符合一致的緣故。

一般說來，學生因年紀輕、經驗淺，對知覺及人生的了解基本上不及教師，這也是人之所以要接受教育的理由。但同樣的，教師基於較豐富的知識及人生經驗，在教導學生上卻也必須從尊重學生獨立的人格，了解其現時的知識程度，然後才能逐步擴增學生的認知建構，改變學生知覺場的內容。其實學生目前的情況，對教師來說，應多為過來人的經驗，用心傾聽體會，就不難了解現時學生的心態。

羅哲斯即認為用心傾聽與接納，就是人本學習的最重要原則，亦是教師與學生之間「代溝」之得以跨越的最好方法。羅氏依其由非指導式治療而獲致以當事人為中心的心理諮商經驗，運用在教學學習上，認為同樣真誠一致的傾聽態度、同理心及無條件積極關注的接納了解；不但是對有偏差問題的學生，就是對成功愉快的學生的任何學習情境，都會有相當顯著的效應。羅氏指出，以人本的原則來看學習，應該是完全自由與自然的。就如同幼兒學走路、學說話一樣，教師不必多所指導，重要的是適度的扶持。故為教師者只要能懂得學生，知道學生在什麼時候需要什麼，學習就會自然進行。在知識的供應上，為師者

應該不會有太大的問題，能夠隨時了解學生的動向，適時適量的澆水、施肥才是要緊的關鍵。

　　羅氏認為教師應了解：(1)每個學生都有天賦的學習能力。人類的學習即是其本身潛能的發揮。自幼即表現在對環境的探索、對世界事物的好奇上。只要身心正常，人就從學走路、學說話起，無止境的喜歡學習。除非遇到不當的環境，傷害了他的好奇心，學習才會停止下來。(2)教材有意義且符合學生目的者容易產生學習。教材的是否有意義，不在教師的認定，而在於是否符合學生的程度及需要。如所學教材能滿足他的好奇心，又能提高他的學習成就感，學生就必然樂於學習。(3)在愈少威嚇的情境下愈能有效學習。如要求一位不善於面對群眾說話的學生去作朗誦表演，他會感到是一種威脅。只有當教師及同學對他的表演不予嘲笑，允許他慢慢按自己的方式表現學習時，他才有重建自信及自尊心的可能，學習恢復產生效果。(4)持久的學習是學生自發投入的結果。學或不學，學了有無效果，其實都是學生自決的行為，教師的威脅利誘式的教學，可能都只能收到一時的效果。如同羅氏在非指導式治療中所指出的，人本身就存有自我充分發展的本能，學習的傾向亦然。教師只要不堵塞學生的好奇心，只要表現出真誠一致、無條件積極關懷及了解接納學生的態度，學生就自然在學習上會產生優良的表現。

　　人本主義的教育就是強調教師能夠尊重及了解每個學生的獨特性。老師與學生之間溝通關係的建立，在教學上所能發生的影響效果，甚或有遠超過教師本身的專業知識與學養深淺之處。

　　用心傾聽並無條件地接納了解，使教師更能充分明白學生的想法與行為，促進師生之間的互動關係，並通常可以較輕鬆地解決一般教學上及生活上的問題。例如一個小學一年級的學生，手指被美工刀割破一道小傷口而大哭，在成人的眼中就很難理解為何會有如此劇烈的反應。通常不是手足無措就是對著孩子以：「不要大驚小怪」或「擦點藥就好了」的說話來處理。這就是一種教師或父母本位的作法。而以學生為本位的處理方式，卻應從尊重學生的感覺開始：

　　小新：老師，我的手指割傷了，好痛啊！（大哭）
　　教師：噢，真的割傷了，很痛的。
　　小新：你看一直流血，我今天洗澡怎麼辦？
　　教師：看起來相當嚴重，我們要趕快處理，免得洗澡
　　　　　都不方便。
　　小新：快點用 OK 繃把手指包起來。（哭聲漸小）
　　教師：對的，我們馬上去保健室擦藥而且把傷口包起
　　　　　來。

　　在這個例子中，學生無論如何是遭遇到生命歷程中一個痛苦的片刻，他有權作其獨特的反應。教師或父母此時的重要角色，就是要表達了解、接納及無條件的關注與協助的態度。
　　校園中瑣瑣碎碎的事應該都是學生的大事。從用心傾聽中，常常更能了解學生的內心深處，而協助其解決課業及生活上的

困難。以下的例子亦可為有無傾聽學生心聲的參考。

　　首先是一般未能傾聽學生心聲的作法：

　　素珍：我今天做不完這個作業，明天無法交得出來。

　　教師(A)：妳看這只有五道簡單題目，別的同學都可以
　　　　　　做得完，相信你也可以做得出來。

　　素珍：我還有很多其他的作業要做，而且還有些地方
　　　　　我也不太懂。

　　教師(A)：那我讓梅英跟妳一起做，有不懂的地方可以
　　　　　　互相討論完成如何？

　　素珍：謝了，我不需要人幫助，我好像突然對這門功
　　　　　課失去了興趣。

　　教師(A)：這門功課很容易懂，而且將來很有用，妳不
　　　　　　要輕易放棄。

　　素珍：……。

但在多用心了解學生的原則下，對話便可能變為：

　　素珍：我今天做不完這個作業，明天無法交得出來。

　　教師(B)：妳認為妳今天來不及做完這個作業了。

　　素珍：對，我今天感到身體不太舒服，頭很痛，無法
　　　　　做事。

　　教師(B)：妳今天覺得身體不舒服、頭痛，情緒有點緊

張。

素珍：不但緊張，我好像有點害怕。

教師(B)：妳害怕有事情會發生，使妳不安。

素珍：是的。今天早上，我媽媽告訴我，她已經決定

要和楊叔叔結婚了……

在第一項對話中，教師似未能傾聽學生的說話，只是先入為主，一味以說服、建議的方式來處理素珍不做作業的問題；結果卻可能使素珍更為反感，而引起不必要的心理防衛。第二項對話中，教師改以傾聽的方式，了解素珍所以不做作業的理由，從而得到更深入的個人家庭困擾的結果，然後才可以正確設法解決其心理障礙，從而回復到正常學習的可能。

以學生為中心的教育就是：第一、學生被尊重為一個完整而獨特的個體。第二、安排課程必須合乎學生的程度及興趣。第三、學習過程中必須用心傾聽了解及無條件接納學生的反應。第四、依學生的需要協助學生排除環境中可能出現的學習障礙。和非指導式治療一樣，不必太多的命令、指示或教誨、說服。教師愈能扮演知識的促進者、催化者、鼓勵者、合作者和朋友的角色，而淡化選擇者、決定者、評估者和操生殺大權的威權角色，學習就必然會更加愉快而有效。

對學生個人在教學過程中的客觀傾聽與接納的態度，是消除代溝的最好方法。不過有時問題已由某一學生個人的問題，演變成為教師與學生雙方的問題。例如教師因要維持班級秩序，

以維護多數人的學習利益時；情況卻除了客觀傾聽之外，教師也有適度表達其主觀意志的必要，但仍應以傾聽為主。而且在教師表達意見時，必須留意不可以帶有攻擊性的語氣，來傷害學生的尊嚴。台灣師範大學教授張春興引用美國教育心理學者格爾頓（T. Gordon）的人本教室管理理論，稱之為既傾聽又聽我說（I-message）的雙贏策略，教師在向學生表達聽我說時，講話應依以下三項原則進行：

1. 教師對學生所講的話，在語氣上不帶責備，不帶批評，只是對學生的不當行為做客觀的陳述。
2. 陳述學生不當行為時，要舉出確實的與具體的事實，並指出該種行為對教師的教學所形成的傷害。
3. 對學生不當行為的後果，教師表示出自己心中真誠的感受。

　　格爾頓用下述學生未得教師許可擅自離校的例子，以說明「聽我說」策略的三點特徵：「你未經許可離開學校，害我浪費很多時間到處找你。你這種行為使我為你擔心，也使我很生氣。」在這句話裡，「你未經許可離開學校」是事實的陳述；「浪費很多時間到處找你」是學生行為對教師所造成的不利影響；「使我為你擔心，也使我很生氣」是教師心中的感受。

　　根據格爾頓的說法，聽我說策略之所以有效，主要是此種策略不但可用以改變學生的違規行為，而且使用後不致因教師處罰學生而影響到師生關係。聽我說策略的中心理念是，教師可藉由此種講話方式，將學生違規行為的責任不著痕跡地回歸

於學生自身，而且使學生能夠明確了解到他的行為已對教師的教學構成傷害，他應該自行負責改變自己的不當行為。

教室秩序的問題所代表的，常是一種師生兩造之間立場不同的衝突情境。教師站在維持教室秩序的立場，自以為要求學生遵守規範是對的；學生站在個人需求的立場，自以為不遵守規範並不算過失。以下的例子，或是一種典型師生共有問題的情境。

> 教師：湯姆，今天你又遲到了！你每次遲到都害得大
> 　　　家為遷就你，而使我不得不再從頭講起。經常
> 　　　這樣重複，我們實在覺得很厭煩。
> 學生：老師，這並不是我的錯。我參加籃球校隊，每
> 　　　天練球的時間，教練都不准提早離開。

在這樣的師生兩造需求衝突的情境之下，一般教師處理問題時，不外採取兩種策略：其一是教師堅持團體規範不得破壞，限令學生必須按時上課，否則按遲到處罰學生。而且該生以後遲到時，也不再回頭為他補充講解。此種處理方式所形成的後果是「教師贏學生輸」的局面。其二是教師遷就學生，學生既有困難，只好維持現狀，讓他繼續遲到下去。此種處理方法所形成的後果是「學生贏教師輸」的局面。格爾頓認為，以上兩種處理方式均非上策。原因是既未能解決問題，也未能因問題的處理過程而發揮教育的意義。因此，格爾頓建議，在此種問

題情境之下，宜於採取「雙贏策略」。再看前述例子的兩種發展：

> 教師：湯姆，今天你又遲到了！我今天正式告訴你，
> 　　　從明天起你必須按時上課，否則一切後果由你
> 　　　自己負責。
> 學生：（低頭不語）
>
> ＊　　＊　　＊　　＊　　＊　　＊
>
> 教師：湯姆，今天你又遲到了。希望你以後按時上課，
> 　　　免得我再從頭講起浪費大家的時間。
> 學生：老師，因為每天籃球校隊練習，遲到是沒有辦
> 　　　法的事。如果是老師覺得我錯，你處罰我好了。
> 教師：好啦！好啦！我不處罰你，以後盡量少遲到就
> 　　　好了。

　　顯然，第一種情形是「教師贏學生輸」的局面，第二種情形是「學生贏教師輸」的局面。格爾頓所建議的「雙贏策略」，可用以下的例子加以說明。

> 教師：湯姆，你每次遲到使我不得不為你一個人再從
> 　　　頭講起。這樣做既浪費大家的時間，也造成我
> 　　　維持教學進度的困難。我為你的每天遲到感到
> 　　　很不高興。（「聽我說」策略）
> 學生：老師，這並不是我的錯。我參加籃球校隊，每

天的練球時間，教練都不准提早離開。

教師：我了解你的困難。你遲到是因為籃球校隊練習時教練不准你提早離開。（積極傾聽策略）

學生：就是這個樣子。

教師：你可不可以向教練報告你的困難。

學生：不行！有的隊員跟我的情形一樣，報告了，可是教練不准。我知道遲到是不對的，可是我沒有辦法。

教師：我明白你說的困難。想想看還有沒有其他的辦法可以解決這個問題。

學生：老師，我看這樣好了，以後老師不要為了我的遲到再從頭講起，免得浪費大家的時間。缺課的部分，我請同學幫幫我，自習時間我好好用功，也請老師多給我一點指導。

教師：我想，在現在的情況之下，你的想法可以試試看。不過，將來效果怎樣，還要看你自己是否真的加倍用功而定。

　　分析上述「雙贏策略」的例子，可以發現採用此種策略解決師生間衝突問題時，包括以下幾點步驟：

1. 先採用「聽我說」策略，由教師向學生說明學生的行為已形成了他教學上的困難。

2. 繼而採用積極傾聽策略，讓學生體會到教師已完全了解他的

實際困難。

3.最後採「雙贏策略」，讓學生主動提出解決問題的建議，並自願負起解決問題的責任。此一點是「雙贏策略」的主要特點，也是最富有教育價值的一點。

二、情意教育促進自我實現

　　人本主義教育期盼學生都能在父母及教師的關懷愛護下快樂成長，卻不代表教育應是一種消極放縱而不負責任的行為。反之是企求在尊重人性本善、人生自由的基本立場上，希望以自然引導的方式，使學生可以不經壓迫、扭曲而充分發揮個人的本性潛能，進而達到最高自我實現的境地。這種自我發展成長的經驗，就好像蘋果樹，只要獲得合適的自然條件，能避免不必要的天災與蟲害，就終能枝葉茂盛開花結出蘋果，實不必多煩旁人作太多的擔心操勞。

　　故人本主義教育是一種重內化多於重外鑠的教育。外鑠教育由外力導致行為的改變，卻常在外力的誘發因素減弱之後，被塑造出來的行為亦隨之而消失。或是外力的壓抑因素減弱之後，被控制的行為又故態復萌。這些似都不是能夠達成教育根本目標的適當辦法。人本主義講求內化式的教育，使學生在行為改變過程中，根本擴展改變自己的認知結構，把新知識完全融入個體的自我概念系統，成為自己整體人格的一部分。過程雖然較為緩慢迂迴，比起外鑠式教育要多費不少力氣，卻是牢

靠紮實，真正可以培養出學生知情意行合一學習結果的教育方法。

　　例如有一個小學生，因為說髒話，被教師處罰放學後留下，在黑板上寫五十遍「我不再說髒話」。學生寫完後走出教室，遇到另一位同學，同學好奇問道：「你怎麼還沒回家？」該學生一面匆匆離去，一面高聲答道：「ＸＸＸ！老師罰我寫五十遍我不再說髒話。」

　　這就是在學習上知情意行未能合一的結果。這位小學生在認知上可能並非不同意「我不再說髒話」的指示，但行為上卻仍然照說髒話不誤；認知與行為各行其是。雖然學會了「我不應說髒話」的觀念，但情感上並未對這句話有較深入的認同，行為上就表現不出「不說髒話」的意向來。

　　又例如破壞學校桌椅等設備是違規的行為，學生也不會不知道。但有學生偏偏去做。對這類學生來說，可能是他在情感上對學校不能認同，反而以這樣的行為來取悅部分在情感上更親密的伙伴之故。孔斯即曾指出：「一個學生犯規，並不是他明知錯誤而犯規，而是他那樣做才會感到更滿足。」因此，每當一位教師抱怨說學生不喜歡讀書時，可能指的是學生對眼前正進行的學習缺少了情感的因素，他的理性可能仍知道讀書有用，但感性卻不能產生共鳴，於是學習效果就不彰顯。故在一項知識的學習當中，除了「懂了」的基本認知要求之外，在情意的因素中似應另有「喜愛」、「欣賞」和「關懷」，甚至「犧牲」的認知感受，然後這項知識才能稱得上有意義及價值的存在。

1. 喜愛

在對知識基本接受、了解之後，由於參與學習活動，得到某些生理或心理滿足。如打球後覺得精神舒暢；閱讀後覺得故事情節動人。於是從被動的體育課及閱讀課，產生主動尋求更多打球及閱讀課外讀物的機會。

2. 欣賞

從喜愛某項事物，產生對該項事物的較高評價觀念。在主觀的態度與信念上，表現出正面的重視與肯定。如對文學、藝術、科學等的欣賞與追求，通常會因此形成長期的興趣與實踐目標。

3. 關懷

將某項知識有關的性質和行為，不但已融入個人的整體價值系統，而且成為自己隨時關心的對象，甚至是自己思維、判斷、行為的準則。例如將環保知識應用於日常生活中，成為自己人生哲學的一環。

4. 犧牲

為追求或維護某項知識的價值，有時可能犧牲自己大量的時間或忍受痛苦與不便。孔子指顏回「賢哉回也，一簞食，一瓢飲，在陋巷；人不堪其憂，回也不改其樂。」應就是這種情

意的表現。

回過來再說小學生講髒話的例子，如果教師除了教導他不可說髒話，還能在情意上讓他了解，對他人的父母要像對自己的父母一樣的尊敬和愛護；如果不喜歡別人對自己無禮，自己也就不應對別人無禮；了解自己若不隨意逞口舌之快，就可以建立更融洽的人際互動關係；然後使學生從內化而建立對端正行為的喜愛，祛除說髒話的不當行為，就是情意教育的效果表現。

又例如一位醫科的學生，若只單純將醫術學到相當程度，等到離開學校，可能就成了一位收入豐富的執業醫生。但如該醫生能夠在學醫過程中，同時結合有關醫學上的喜愛、欣賞、關懷和犧牲等情意教育，例如增加美術、文藝、歷史（名醫傳記等）類人文社會關懷的知識；那麼這位醫師在對待病人的診療上，就必然會反應出很多情感交流的溫馨互動，更能尊重生命與人性的價值，使病人及自己都得到更多的快樂。醫療成為藝術，有關診治的技術亦必因而常有突破、進步的創造性成就。

人本主義著重知情意行合一的情意教育。孔斯認為以下七項為最重要的精神：

1. 學習必須考量學生知情意行的全盤需求，配合學生經驗來設計學校教育；務期能使學生所具有的各種潛力，得以充分發展。
2. 使每個學生在教育環境中，不但在智能方面得以自我實現，且在情意方面也能學到自立立人的觀念與能力。
3. 教育除使每個學生可以學習到必要的知識、技能以及處理人

際關係和職業生活的能力外，亦應使其能適應多元化而又多
變化的社會。

4. 學校的一切教育措施，都依照因材施教原則安排；務期教育
效果對每一個別學生都能有積極照顧的意義。

5. 在所有的教育活動歷程中，必須將知、情、意、行四項精神
融會其中，以期發揮全人教育的功能。

6. 營造學校的開放教育氣氛。務期使整個校園變成一個雖有互
相競爭，卻充滿自由、活潑、興奮、關懷、支持而不具威脅
的學習情境。

7. 培養學生純真而開放的氣質和認識自我的能力。既能學會在
個人生活中，解決自己心理上的問題，也能學會在社會生活
中尊重及欣賞他人。

　　這七項核心的情意精神，就是人本主義全人教育基本理念。
人本主義教育之有別於其他教育思想，就在其重視學生的整體
性及獨特性。而且教育的目的不在純粹知識的灌輸，而在指導
學生如何去思考、去感受、去發現；使他們更了解自己、周遭
的社會及所處的時代，並進而體認人生的道理與文化規範的價
值。愛因斯坦（Albert Einstein）曾說：「只教導人一種專門知
識或技術是不夠的，專門知識與技術或許能使人成為有用的機
器，但不能使人有一個整合的人格。最重要的是要看透教育，
給與人們對事物及人生價值的理解與感受。人必須對周遭屬於
道德性質的事物有親切的感受，對於人類的各種動機、期望和

人生的樂趣和苦痛有所了解，才能與別人和社會有合適的關係。」

前曾提及這位物理學家，幼時一度被視為智障，三歲才會說話，後來竟成改變歷史的人物。會講出這樣的話，顯然他本身就是受益於情意教育的一個典範。不過愛因斯坦的情意學習卻是得力於家庭教育，因為當時學校教師多數都不看好他，家庭教育卻反而給了他很大的學習空間。在樂觀、耐心與自然的氣氛下，小愛因斯坦在家裡比在學校讀的書還多。尤其在父母的引導下，大量閱讀了各類名家著作，這使他的視野得以大大增長。另有二事則關鍵性成為他終身興趣的知識領域。一為五歲時父親送給他一只羅盤，他立即被指針的恆向南北引發了莫大的興趣，相信這世界上到處都有各種不可測見的力量存在；另一為六歲時母親教他拉小提琴，十四歲即登台演奏，物理與音樂就此伴隨了他一輩子。

學校真正的重視情意教育卻遲至二十世紀中期以後，與人本主義教育觀念在美國興起才同時出現。原因如前述，在二次大戰以後，美國國勢正隆，教育科技化的潮流風起雲湧，結果卻不但未能維持科技的領先地位，反而因輕忽人文而造成社會的疏離及功利化。關心教育的學者們認為，美國過分強調科學技術的唯智教育，是反人性及反個性的教育。要想改造社會，挽救美國，則必須改弦易轍，另行推動以人為本的教育，亦即知情意行合一的人本教育。於是開始從大學到中小學，產生了通識教育的課程組合概念。台灣師範大學教授郭為藩及高強華曾對此有頗詳細的敘述。

通識教育，源於英文的 general education，早期多譯為通才教育。其目標在避免課程的過早分化與科系間的壁壘，希望由提供學生統整的知識（unified body of knowledge）進而培養統整的人格（unified personality）。亦即培養開朗的胸襟、廣闊的視野與人文的器識。通識教育與文雅教育（liberal education）的概念密切有關。不過，文雅教育係與職業準備與實用導向的教育相對而言；而通識教育則相對於專業或專門的教育。通識教育主要在大學部階段實施。一九三〇年代赫欽斯（Robert M. Hutchins）在芝加哥大學領導的人文課程運動，及赫欽斯的同事到聖若望大學（St. John's University）倡導的百部古典名著課程，就是通識教育的先聲。二次戰後，哈佛大學在校長柯南特（James B. Conant）支持下，哈佛大學通識教育課程設計小組於一九四五年出版自由社會的通識教育（General Education in a Free Society）一書，並自一九四九年起實施通識教育課程。大學部學生除主修科目外，尚須選修一些以西方文化為中心而經特別設計的基本課程。

其後因美國大學生在課程修習上常捨本逐末，只問趣味與實用，選課支離而雜亂。大學四年期間修讀的課程，成為雜湊而無系統的拼盤，缺乏整體性與結構化。因此，有識之士，無不深覺隱憂。不少大學為補偏救弊，推行核心課程（core curriculum）的通識教育運動。而此一運動以哈佛大學的羅索斯基（Henry Rosorsky）於一九七八年二月提出的核心課程報告書（Report on The Core Curriculum）為緣起。

　　羅索斯基及其同事為哈佛大學設計的核心課程，包括五個主要領域：⑴文學與藝術；⑵歷史；⑶社會與哲學；⑷科學與數學；⑸外國語文與外國文化。每一領域包括八至十門科目，其中有些是過去已開設的現成科目，有些是特別為實施通識教育而新設計的。學生在每一領域至少應修讀一門或兩門科目。通常哈佛大學的大學部學生修讀學士學位時，至少要修習三十二門課（一學期為單位的課）。其中十六門課為各該系的主修專門科目，有八門為符合通識教育的要求而修讀的科目，另有八門則為自由選修的專業科目。所以通識教育在整個學士課程中占有四分之一的份量。

　　哈佛大學的核心課程，強調熟悉不同學識領域特有的理解模式（mode of understanding）或探索模式（mode of inquiry）。在核心課程報告書上並敘明哈佛大學所要培養的有教養的人（an educated person）必須具備五個條件：

1. 有清晰而有效地思考，並可以文字表達出來的能力。

2. 在某些知識領域中，具有廣博的學識基礎。

3. 對其所學得及應用的知識，能正確地批判並理解。並能對宇宙、社會及其自身有所了解。他應熟悉文學與藝術的優美，從中獲得知性及感性的經驗；他能從歷史明白人類事象的演進歷程及當前的重大問題；經由社會科學的學習，具有開闊的概念及分析的技巧；從生物及物理科學的學習，具備數學及實驗方法與技巧。

4. 他熱切想要了解及思考道德與倫理問題；具有敏銳的判斷力，

以從事道德情境的抉擇。

5.他具有豐富的生活體會，對其他文化及時代，深感興趣，努力去探討以求了解。

　　而一九四五年柯南特的「自由社會的通識教育」報告書中，也曾指出通識教育的目標，在培養學生下列能力：(1)有效率的思考；(2)充分的溝通表達；(3)能從事合適的判斷；(4)能明辨是非善惡及審美等價值。

　　通識教育側重在大學教育的階段。中小學則具體而微，另有派代亞方案的實施。派代亞（Paideia）源自希臘文，意為「人本主義」。這一方案係人本主義學者艾得勒（Mortimer J. Adler）等人所設計與提倡；認為在中小學階段，所有學生皆應接受相同的普通學科與文理基本學科（liberal arts）的陶冶，所以在旨趣上與通識教育至為接近。

　　艾得勒所領導的派代亞課程發展小組，於一九八二到八四年間，連續發表三本論著，分別為「派代亞建議書」、「派代亞方案的疑惑及可行性」、「派代亞方案──一個教育課程」。出版以來，引起美國教育界的重視，認為可代表美國人本主義教育運動的具體主張。

　　派代亞方案試求建立一種通識而非專精、博雅性而非職業性、人文性而非技術性的課程方案。其指出，學生所要學習的，要同時包括三種知能：(1)應該獲得的知識；(2)應該陶冶的技能；(3)應該達成的了解與器識。這樣才能使他們具備謀生的能力，

同時成為良好的公民，並享有充實而有意義的生活。

為了獲得完整而系統的知識，派代亞小組認為在基本教育階段應包括：(1)語言、文學與藝術；(2)數學與自然科學；(3)歷史、地理和社會科學等三種課程。為了陶冶認知技巧，學生除應訓練聽、說、讀、寫、觀察、測量、計算等基本能力外，尚須學會應用計算機、電腦及其他重要科學儀器。為了發展對觀念與價值的了解與體認，該小組建議多採用蘇格拉底式的問答法與討論法教學，鼓勵學生質疑問難，積極參與。由此可見，派代亞課程在精神上仍與大學階段的通識教育呼應一貫的。

美國的通識教育概念，由人本主義教育而起。主要在追求知情意行合一的教育精神。近年來對我國教育改革的設計上影響亦大。為改善我國在進入工商業社會的同時已產生的功利、僵化、冷漠、疏離等等現象，知情意行合一的教育正是我們應持續努力的方向。

三、尊重自由的學習模式

以學生為中心的教育，應用在學校教學上，是讓學生對課程的決定扮演更重要的角色。教師則定位為學習的促進者，而不是講解教誨式的課程執行者，更非以灌輸、壓抑式手段來強迫學生學習的威權人物。

羅哲斯在其學習的自由（Freedom to Learn）一書中，即說明學生天賦都有求知向上的潛在能力。做教師者只須設置一個

良好的學習環境，他們就會學到所需要的一切。作為一個促進者，教師的主要任務為：

1. 提供適當學習資源：如書籍和其他教材以及自己的為人經驗，供學生自由使用，以優化或者簡化學生在研究消化這些材料時，所涉及實務的和心理上的步驟。

2. 在有必要時協助學生分組學習：在一個課程中可以分成不同性向，如討論性、實驗性、閱讀性等小組，由學生自由選擇參加，甚至亦可分為傳統學習小組及自我指導學習小組等，學生不但可以自由選擇，而且也有隨時轉組的自由。

3. 協助營造真誠、關懷、理解的學習氣氛：如同在非指導式治療中使用的原則，教師若愈能對學生表現出以真誠、關懷和理解的態度，來允許他在自己的學習中自由選擇自己的方向，個體發展其學習潛能的力量就會愈大。這種氣氛應盡可能從教師發起，逐步擴大到學生與學生之間。

　　但在自由學習的原則之下，雖然各取所需，學習過程中卻仍難免會有障礙及衝突的情況發生。例如在共同學習的內容上，學生有意見不同的時候，以及學習後的效果評量如何釐定，在人本主義立場上，仍在尊重學生個人的原則下來作處理。

1. 以道德學習而言，可能每個人都有不同的道德標準。在這個時候，公意的採用應是比較合理的標準。例如要訂立一個班級的教室規則，即可能以下列方式請每一位學生寫出：(1)列出十到十五項自己認為最重要的必須遵守的教室行為。(2)從

列出行為項目中，選出自己絕對可以做到的，並在後面畫上☆記號。(3)從列出項目中，選出自己絕對做不到的，並在後面畫上△記號。(4)認為大多數人可以做到的，在後面畫上○記號。(5)認為大多數人都做不到的，在後面畫上 X 記號。

教師根據各生所列出的規則項目，帶領學生一起討論。在共同分析及交換意見之後，應就可以了解每一學生個人在教室行為上的道德價值觀；亦可由此了解群體的道德價值觀，從而列出規則，成為與學生訂立共同遵守的契約行為。這種契約行為不但可以把傳統上由教師來承擔的諸如督促學習、給與評價等工作很有效地交還給學生自己，並且符合尊重學生自由自主的精神，同時也培養了學生獨立負責的態度。

2. 在學習成果的評量上，自由學習的精神亦以由學習者負起考核自己的責任為原則。在學習開始時，即由每一學生自行確定評分的標準，並在學習結束時實際執行給分，看是否達到預定的學習目標。這種自評的方式，羅哲斯認為最能貫徹自由學習的精神。尤其學習原是個人的事，沒有人可以比自己更了解自己到底學到了多少。但在某一種情況下，例如教師覺得有必要時，亦可透過學生的同意，在評量學習成果時由教師亦列出一個分數，然後以兩者的平均分數為最後確定的成績。這樣把評量的權力，同時也是負責的表現，交還給學生；其結果就可能不僅限於學習成果的評量，還代表了學生道德上提升及促進自我成長的意義。

　　二十世紀中葉以後，因社會的變遷，人本主義的教育理念

應運而生。數十年來，由美國而影響至世界各地，成為多數國家施行教育改革的重要理論依據。但是在盛譽之餘，批評的聲浪亦從未止息。迄今仍有不少心理學家及教育學家對人性是否可以如此樂觀，抱持相當保留的態度。以學生為中心的自由學習效果是否可靠，亦多所存疑。但無論如何，人本主義的教育理念已日漸為大多數人所肯定。而如果這個世界上崇尚人本主義者愈來愈多，則這個世界就必然愈和諧美好，卻是無可置疑的。有一個教育界流傳甚廣的小故事，說的是：

　　有一位富翁很喜歡宴客，某年新請了一位廚師，然後連著幾次宴客桌上都有一道美味的香酥鴨，但每次的香酥鴨卻只有一條鴨腿。次數一多，富翁心中便起了疑惑，認為廚師一定先把另一條鴨腿偷吃了。終於有一天宴客之後，忍不住把廚師找來問他，鴨子到底有幾條腿。廚師答說，後院養的鴨子都只有一條腿。富翁聽了更加不解，於是帶著廚師一起去看個明白。到後院時，鴨子都正在休息睡覺；因鴨子睡覺時一腿著地一腿縮起，兩人看到的果然都是只有一條腿站著的鴨子。廚師便說：「你看鴨子只有一條腿吧。」富翁心中有氣，伸手用力拍了幾下，鴨子被掌聲驚醒，於是把另一條腿放了下來。富翁說：「你現在再告訴我，鴨子到底有幾條腿？」廚師笑說：「現在是兩條腿了，你一拍手，鴨子就有兩條腿了。我做了那麼久的菜，每次都聽不到你的拍手，鴨子就只有一條腿了。」

　　這個故事，說明的是掌聲鼓勵的重要。沒有掌聲，連鴨子都懶洋洋的只剩一條腿，何況是具有情感靈性的人類。人本主

義講究尊重人性，在教育的過程中，能多表達有愛心的關懷鼓
勵與溫馨情意，多傾聽了解學生的需求與意向，總應是一項含
有積極美好意義的事。

第十章

結論

人本主義的教育理念，目前已成為世界上多數
國家作為釐定教育政策的重要指標依據。我國
近年來教育鬆綁、全人教育、多元教育、開放
教育及終身教育等改革，亦都由此推動，並已
有初步成果。但部分「脫序」的現象，卻仍有
待努力補正。

學無止境　人生的任何階段都有學習的需要

　　現在的世界是個急遽變動的世界，而教育與社會有其最為密切的關係。社會的意識型態可以立即反映在教育的觀念導向上面，然後教育實施的結果又可成為社會變遷的基本動力。隨著目前世界上科技發展、知識爆炸，以及人權高漲的形勢下，各國正無不戮力於重新調整國家的自我定位，以期勿為時代所淘汰。故近年來紛紛提出教育改革的呼聲，亦即如何能夠在教育更適合人性的大前提下，使學生能夠學得更好、更有效率，進而可以充分發揮潛能，傳承優良知識文化，以達到全面提升國民素質及厚植國力的目標。

　　我國自台灣光復以後，五十餘年來，在政治、文化、經濟上都有相當的進步；台灣奇蹟的創造，當然舊的教育系統有其不可磨滅的特定貢獻。但時至進入二十一世紀，卻亦同樣面臨社會必須轉型的困境。要能繼續保持甚至百尺竿頭更進一步，全面的教育改革確已是當務之急。事實上，不論政府或民間都已在不少有心人士推動之下陸續展開工作，而且也開始有了不少成果收穫。但萬事起頭難，舊的傳統教育觀念，在台灣五十餘年來早已根深蒂固，而且又並無顯著大錯；現在要改變為較能配合時代潮流的新觀念，首先就會面臨水土不服，一般人猛然不能接受的情況。其次又在改革之初，有時因未周詳考慮到有關配合的條件，改革的步驟操之過急，就很容易引起「脫序」的現象。於是未蒙其利先受其弊，乃發生有關當事者反彈的結果出現，而使改革受到不必要的挫折。例如近來有關九年一貫課程、建構式教學及多元入學等的推動，產生不少爭議，恐怕

都是宣導不足及配合工作做得不夠所引起的不良後果。

人本主義心理學派誕生的背景，主要是由於對心理分析學派和行為學派的批判，以及對近代（以美國為主）的教育思想不滿而來（已如前述）。故人本主義心理學先天上即與教育問題關係密切。例如馬斯洛即首先指出人本主義、心理分析及行為主義，共同成為對人類的人格發展成長最有影響的三大理論系統；教育心理學者古特（Thomas Good）等認為「認知」、「行為」及「人本」三大學習理論對近代教育心理學影響最大；喬伊斯和魏爾（B. Joyce & M. Weir）認為在學校教育上，「非指導式教學」、「訊息處理式教學」、「行為主義式教學」及「社會互動式教學」同為教學上的重要模式。又近十年左右，國內台灣師範大學教授張春興及政治大學教授朱敬先等人有關教育及心理的著作，亦均已將人本主義的理論列為重要內容。顯見人本主義對近代教育理念影響的深切。甚至於行政院教育改革審議委員會於民國八十五年（1996）提出的總諮議報告書中，即明確標示追求教育現代化，就是要反映出人本化、民主化、多元化、科技化及國際化的方向。而人本化的教育就是全人的教育，強調培育學習者的健全思想、情操及知能，使其能充分發展潛能，實現自我。

人本思想在教育的領域中已漸成為主流的地位。因為教育本來就是人所特有的活動。人的本性與價值以及潛能的實現，當然就應該成為教育的核心問題。在世界各國的教育改革目標紛紛回歸到以「人」為本位的時候，不少新的教育觀念：如教

育鬆綁、全人教育、多元教育、開放教育及終身教育等逐一出現，不一而足，令人眼花撩亂。我們現特就這幾個教改的基本概念，作一較為系統化的說明其與人本精神的關係，亦為本書最後探討的結論。

一、教育鬆綁

　　傳統教育的形式在民主浪潮之下日漸受到質疑，我國在解嚴之後人權思想抬頭。傳統教育是威權式的教育，特色是教育制度的釐訂、運作，完全由上而下，操縱於少數人手中，以威權者的意志為教育推動的依據，教育的內容充滿少數威權者的喜惡與意識型態。教師及學生依規進行有關課程活動，全體一致，缺乏對學習者個人學習能力及特色的考量。學生只能僵硬接受教師的教學內容，教師則依照標準教材行事。學校為管理教師及學生的機構，政府又為管理學校的機構；層層約束綑綁，由威權政府綑綁學校，學校綑綁教師，教師綑綁學生。好處是在教育資源缺乏的狀況下，可以有效率地以有限資源，完成大規模量產的教育目標。這種教育型態，在舊時封閉式的社會中，確實也曾發揮過安定社會的功能。在完全一致的學習標準之下，每個人都扮演同樣小螺絲釘的角色，組成只有國家及社會為主體的火車頭隆隆向前。

　　但我國在解嚴之後，民智已開，人權的要求日亟，因國家的權力來源為國民全體，所以國家的權力亦應以服務而非限制

國民的權益為主。教育權亦然，在教育改革的呼聲下，首先要做的就是威權時代過度集中於政府的教育管制權力，必須盡先回歸國民本身，才能符合「以人為本」或「以民為本」的現代國家需求。

故教育鬆綁為教育改革的第一要務。改革的方向主要應為將教育權：第一、由中央釋放至地方；第二、由政府釋放至學校；第三、由學校釋放至教師及家長；第四、由教師、家長釋放至學生。

1. 中央的教育權應以列舉方式為之，因教育權雖屬國民全體，但仍有部分必須有一致的標準或有統籌資源的意義者，例如目前在「教育基本法」中所規定的：(1)教育制度之規畫設計；(2)對地方教育事務之適法監督；(3)執行全國性教育事務，並協調或協助各地方教育之發展；(4)中央教育經費之分配與補助；(5)設立並監督國立學校及其他教育機構；(6)教育統計、評鑑與政策研究；(7)促進教育事務之國際交流；(8)依憲法規定對教育事業、教育工作者、少數民族及弱勢群體之教育事項，提供獎勵、扶助或促其發展。此八項應為歸屬中央的教育權。除了這八項中央政府的教育權之外，其餘任何有關教育事項之權，都應在鬆綁的要求下，劃歸為地方政府所有。而且配合地方教育權的擴增，教育經費亦同時應寬裕撥供地方（尤其是較偏遠而財源先天上較困難的地方），以真正落實教育權釋放的意義。

2. 學校為正規教育的基本單位，各個學校均有性質、規模等甚

不相同的特色。即使屬於同類的學校，亦可能因學生來源的不同而應有其因時地制宜的特殊需求。政府實不必管制太過，而僅需對學校作組織架構的基本要求，其餘應尊重學校本身規畫發展其個別特色。不但不應使每一所小學都從建築外型及教學內容均整齊劃一為相同模樣，反而應鼓勵學校在教育的軟硬體以及校風上都能建立自己獨一無二、與眾不同的特色。

3. 教師（家長）為直接與學生學習行為相關的教育人員，亦為最了解學生需要的教育人員。如何可以使學生學得更好，教師（家長）的責任最關緊要。故教學的權力學校應盡量授由教師靈活運用，學校僅須適度評鑑教師的能力及提供持續進修的機會。

4. 依照人本主義教育以學生為中心的理念，教育權的最終擁有者，即為學生本身，亦即說明了學生為教育主體的基本概念。在此概念之下，國家、教育機構、教師、父母乃為教育主體的協助者，共同各盡所能，合力輔導教育主體，使充分發展人格、才智和身心能力，而後可以完成加入自由社會，積極貢獻所學的教育目標。

二、全人教育

在教育改革的觀念下，教育的主權應由政府回歸至國民全體。袪除舊有教育為團體性活動的做法，而應顧及以「每一個人」為教育對象的人本要求。因為每一個人都有其不可分割的

獨特人格及學習性向，教育要求真正的平等，就必須由照顧學習者個人的特殊需要做起；否則又將陷入舊時傳統式教育，大家依照同一標準學習的假平等現象。

全人教育的理想，在於每一個學習者都能依其獨特背景，在不虞資源匱乏的條件下，受到德智體群美五育的基本完整教育學習經驗。我國現時雖已為九年義務教育，較諸先進國家卻仍尚有一段差距，而且教育的品質亦尚未能盡如人意。例如班級人數普遍過多，即為損害實質照顧到每一學生的最大負數。目前此項教育改革的目標，一則為計畫延長義務教育的可能，二則為計畫減少國中、小的人數至每班三十五人，甚至三十人、二十人以下。因為現實上教師所教導的對象數目愈少，才有愈能配合每一學生學習需要的可能。對學生在五育學習中隨時發生缺失時，均能適時予以調整、補救，從根開始輔導每一學生規畫其完整獨特的生涯方向。而對於部分社經等學習條件居於弱勢的學生，尤其需要特別的協助，達成使每一學生均能圓滿成材的全人教育要求。

三、多元教育

為配合全人教育的需求，使學生知識及人格成長，得到完整德智體群美均衡發展的機會，多元教育是必然的學習途徑。而且教育鬆綁之後，各所學校講求本身特色的建立。教育思想不再定於一尊，多元文化百家爭鳴的現象亦就是必然的結果。

譬如我們進入餐廳用餐，傳統權威式教育只有少數套餐可供選擇，改革後的民主式教育則是菜色豐富，選擇成為多元。因為豐盛多元的緣故，乃使有教無類及因材施教不再是奢求的理想，而是實際可行的生活學習型態。每一個人只要有心進修，就一定有機會學習。而且一定可以找到適合自己學習興趣及能力的課程。

多元教育觀念的落實，或有五項核心的方向：第一、促進私人興學；第二、開放學校教材多元化；第三、塑造多元文化的社會；第四、入學方式多元化；第五、使人人都能在自己的立場上追求成功及卓越。

1.促進私人興學

我國政府遷台數十年來，曾長期限制私立學校的新設。解嚴之後，陸續開放設立私立學校的申請。近年來，由於私立學校（尤其大專學校）的新設，已有效紓解大學入學激烈競爭的程度。而且使各學校間的特色建立呈現多元化。不過私立學校的水準，仍有待適當維持及提升。

2.開放學校教材多元化

尤其在中小學階段，舊時全國一致的部編課本教材已經打破。政府對各校的課程、教材，只作原則上的規定。學校課程趨向活潑化，通識教育的觀念已為教師及學生普遍接受，學生增加對所學課程科目選擇的權利，使所學更能適才適性。

3.塑造多元文化的社會

多元文化教育的特色，除了增廣自己的知識及具體領域之外，另外一項功效則是可以培養對多樣文化的容納與欣賞的器識，思想不再定於一尊。在有了多元文化比較的機會之後，除了對自己本身具有淵源意義的文化，可以產生更深的認知之外，對其他相異的文化，亦更可由了解而產生良性互動的結果。對不同血統、宗教、職業、生活型態等族群，都更能以平常心對待，在社會上共存共榮。

4.入學管道多元化

過去有競爭性的入學，多採用聯合考試方式，有其時代背景及意義。但在目前民智已開，社會多元，教育益發重視全人格及適才適性的要求下，僅以一、兩天特定少數學科考試的成績，來決定入學的資格，無疑已到了要全面檢討的時候。在尊重學校特色及學生特質的原則下，入學方式必須以更有彈性的辦法來處理。採計各種連同學科成績在內的條件，作成學生進入某校繼續學習的多元入學方式，應是較進步合理的方法。不過最近在實施多元入學的實例上，卻出現因配套的技術措施準備未臻周詳，因而在幾個環節上發生「脫序」的現象，卻是教改主事者值得留意改進的地方。

5. 使人人都能在自己的立場上追求成功及卓越

　　使教育制度從威權走向民主，從學生要講求適應教育到教育要講求適應學生，是教育改革的最基本精神。缺乏選擇，學生必須處處配合教育的規定，學習就是痛苦的經驗。具有選擇的自由，教育成為符合學生需要的協助與供應者，學習就終成充滿快樂與尊嚴的活動。學習沒有高低的分別，而只會有被扼殺或限制的憂慮。在多元教育的環境之下，個人永遠可以選擇自己最喜歡、最適性的課程；自己人格、知能的成長，就有無限學習的機會。

四 、 開 放 教 育

　　由於教育的多元化，接下來的應該就是開放教育的推動。開放教育可以說是更自然、靈活地實現多元教育的理念。把多元的學習更以：第一、課程開放，第二、場所開放，第三、班級開放，及第四、學習成果開放的方式來處理。

1. 課程開放

　　傳統式課程每週每天的課程固定，上下課時間固定。開放式課程則打破此種封閉式限制，教師配合學生的需要，隨時調整每日及每週的課程。例如有需要加強時，可以機動延長，或完成後隨時結束等；甚至於一班並不限於由一位教師任教，而

可以由二位以上教師同時負責分組指導的工作。亦可以打破每節上下課的限制時間，課程講解少、討論多，一切以滿足每一學生的需要為準。

2.場所開放

雖有教室的安排，上課卻可以視情況隨時改變學習場所。學校不再只是單純的房舍建築，而是一個整體的教學場所。重視田野教學，校園硬體盡量配合有關課程的實況布置。

3.班級開放

打破以年齡編班的形式，而以學生能力及興趣，自由選擇學習課程，並原則上可以與教師諮商後，隨時進入任一班級課程。

4.學習成果開放

基本上不以分數評定成績，可考慮改以等第或☆○△的符號或直接以「學習結果表現優良」或「學習結果尚待加強」的敘述表示有關成績，或只以學習完成及未完成來代替及格、不及格的意義；亦即學習的評量變成為一種診斷而非判定的形式。

其實開放教育的觀念並非始於今日，而是人類自有教育行為時即已出現。例如我國舊時的私塾教育及歐洲的學苑教育，開始時的教學形式就都有課程開放、場所開放、班級開放、學習成果開放的影子在內（所以舊的也不是全然不好的）。反倒

是近代學校制度興起,由科學組織的觀念,把教學變成大批標準式量產以後;教育反而有了一定課程內容、一定上課時間、一定評鑑標準等封閉式缺乏個性的做法。開放式教育的做法毋寧說是一種文藝復興、自由復古的教育方式。

開放教育由於重視教育的順應自然,回歸到教育以學生為中心的觀念。主要看法乃是認為教育絕對是屬於每個「人」的教育;在照顧到每個「人」的個別差異及需要的情況之下,那個人就不可能不學會自己所需要的知識。而一般學校制式量產的教學方法,毋寧說是對教育的一種負面示範。尤其是初學啟蒙的學童,實在很容易在量化式的教育中,因各種不期的挫折而導致失去學習的興趣。近年來,歐美的夏山學校(summerhill school)式的完全開放式學校教育及我國的森林小學式學校的陸續出現;以及社會上也開始有愈來愈多的家長,選擇把子女留在家中自行教育而不進入學校;恐怕就是對現行封閉式、忽視學生個性的學制有所不滿的反應。看來教育應愈來愈回歸學生主體,而隨著時日,仍將朝向愈開放的方向邁進。

五、終身教育

教育改革的最終目標應即是「終身教育」的推動。在舊的教育觀念中,通常認為學習僅限於兒童及青少年階段。但近代的教育學者卻開始覺醒到,人生的任何階段,應該都有學習的需要,也有學習的能力。而依照教育改革審議委員會的總諮議

報告書中所指出，由於近代社會所形成的幾個現象，乃促成了終身學習社會的來臨：

第一個現象是個人生理壽命延長，知識壽命卻大為縮短。四十年來，我國人民的平均壽命已延長二十歲。我國老年人口已近總人口數的 10%，逐漸邁向高齡化的社會。與此同時，科學技術、醫學知識、心理知識……等，也迅速更新。在這種社會中，一個人如果停滯不再學習，很快就會進入知識半衰期；舊知識對新知識瞬間就已落伍。個人惟有繼續學習，才能充沛活力，永續發展。

第二個現象是知識與資訊量迅速膨脹。傳輸管道便捷、快速，社會成員竟日面臨不同的資訊，須加以批判與統整。我國已屬知識膨脹的社會，除了迅速出版的平面書刊以外，錄影帶、廣播、電視、國內外電腦網路、光碟資料庫等數位化的電子出版資料，每年均迅速增加。資訊高速公路完成以後，網際網路將使資訊的傳輸、流通與交換，隨手可得，對個人的學習型態，造成根本改變。

第三個現象是社會開放的趨勢，使民主成為潮流，個人的學習權普受尊重；且有更多參與公共決策的機會，自須具備更為廣博的知能。在開放社會中，決策型態日趨多元及合理化，方能培育更多善盡社會責任所需的人才。

第四個現象是社會日益富裕。基於不同目的或原因，如追求新知、職業轉換、早期學習失敗後的再學習、停止工作後再工作的規畫、專業成長、社會地位的提升、職業或工作成長過

程中的升遷、教育機會均等的需求、休閒及增益個人的人文素養、維護個人尊嚴的需要等，乃增加個人對第二次接受教育的不斷欲求。另外，國民品質的提升及文化生活的充實，亦為追求卓越所必須。惟有建立終身學習的社會，才能滿足這些需要。

上述背景，使現代社會成為學習社會。在學習社會中，個人所需要的不僅是學校教育，而且是終身教育。聯合國教科文組織從一九六五年起積極推展終身教育，已引起各國的熱烈迴響。衡量我國的社會經濟發展，終身教育體系早應建立完成，但事實上卻仍停留在偏重學校教育的階段。今後教育改革若能積極推展終身學習的理念，建立完整可行的終身教育體系，不僅能帶動整個社會價值觀的重建，也可使目前教育的總體問題獲得合理解決。

* * * * * *

教育改革的最終目標在於促成「終身教育」的理念；而人本教育的最終目標在於追求個人潛能的「自我實現」。兩者的基本精神都是在說明「教育」是一項與人生共始終的觀念。教育可說是一切知識的來源，知識的力量無限，但什麼是教育的完美境界？西哲杜威曾經指出：「教育並無固定目的，教育本身就是目的。」故此教育的永續性就是教育的目的所在。教育不是要完成什麼，而是要使人在受教育之後，繼續產生受教育的需要與興趣。教育雖然力量無限，但事實上卻平易近人，故每一個人在教育的眼光中都是可尊重的個體。教育也不要求人

去完成什麼，只是要協助人做一個基本平實的自我，激發繼續學習的潛能，就已符合了追求自我實現的開始。曾任中央研究院院長的胡適先生，在長子出生後寫過一篇文章，特別提到對子女的期望，最首要的是「不要危害社會」，也是同樣做到最基本自我實現，與社會共繁榮的基本道理。另外，孔子亦曾與弟子談及終身目標的問題，記載是這樣的：

　　子路、曾晳（曾參父）、冉有、公西華侍坐。孔子說：「不要因為我年紀比你們稍長些，就拘束起來。平時你們常說：『沒人了解我。』現假設有人了解你們的才能，想用你們，那麼你們將如何表現呢？」

　　子路爽快先說：「如果有個擁有千輛兵車的小國，夾在兩個大國之間，受到兵禍脅迫，國內又鬧飢荒；讓我來治理的話，只要三年，便可使民眾有了抵禦外侮的勇氣和明瞭仁義的道理。」孔子聽了微微一笑，又問冉有說：「求，你怎麼樣？」

　　冉有回答說：「如有個六、七十里或五、六十里見方的小國家，讓我來治理，大概只要三年，就可使百姓生活富足，但至於修明禮樂的大事，則需要更有才德的人來推動。」

　　「公西赤，你又會怎樣呢？」公西華答道：「我不敢說能做得怎麼好，但我願邊學邊做。像宗廟祭祀、諸侯相會等重要事務，我願意穿著禮服，戴著禮帽，

做一個小司儀。」

　　「曾點，你呢？」孔子又問。曾皙正彈著瑟，聞言停下，站起來回答老師說：「我和他們三位不同。」孔子說：「沒有關係，只要大家談談志向而已。」曾皙道：「當暮春三月，天氣已不是那麼冷的時候，正好穿上春天的夾衣或單衣，邀請五、六位年輕人，帶著六、七位小孩子，一起到河邊游泳洗澡。洗完了吹著風歇歇，欣賞一下正好有人在跳著祭天祈雨的舞蹈，然後一起快樂唱著歌回家。」

　　孔子聽完曾皙所言，若有所思地喟嘆了一聲說：「我對曾點的主張頗有同感。」

　　人本主義教育從尊重人性開始，而人性的價值即重在彼此的真誠與關懷；然後追求自我實現。志向或許不一定要崇高偉大，但胸襟卻永遠必須夠恢宏寬闊。這一段對話，或是人本主義教育的理念與實踐，正應如沐浴春風，而可長可久的最好詮釋與結論。

〈參考文獻〉

一、中文部分

牛格正（民 85）。諮商原理與技術。台北市：五南書局。

朱敬先（民 84）。教學心理學。台北市：五南書局。

江光榮（民 90）。人性的迷失與復歸（羅傑斯的人本心理學）。
　　台北市：貓頭鷹出版社。

李茂興譯，G. Lefrancois 著（民 87）。教學心理學（Psychology of Teaching）。台北市：弘智文化事業公司。

車文博（民 90）。人本主義心理學。台北市：東華書局。

邱珍琬（民 89）。做個諮商人。台北市：心理出版社。

林玉體（民 79）。教育概論。台北市：東華書局。

林金木（民 89）。〈淺析莊子與惠子的「魚樂之辯」〉。玄奘
　　學報，1，頁 61-74。

胡適（民 79）。中國古代哲學史。台北市：遠流。

高廣孚（民 78）。教育哲學。台北市：五南書局。

郭為藩、高強華（民 78）。教育學新論。台北市：正中書局。

彭運石（民 90）。走向生命的巔峰（馬斯洛的人本心理學）。
　　台北市：貓頭鷹出版社。

黃政傑（民 91）。台灣教育改革的政策方向。網路論文。網址：
　　http://www.epa.nenu.edu.tw/epforum/vol30nl/5-2.htm.

黃堅厚（民88）。人格心理學。台北市：心理出版社。

陳照雄（民75）。當代美國人文主義教育思想。台北市：五南
　　書局。

張春興（民89）。教育心理學。台北市：東華書局。

張凱元（民72）。佛洛伊德心理學及其在教育上的應用。台北
　　市：問學出版社。

張凱元（民80）。從艾瑞克森理論研究我國大學生人格發展在
　　近十二年間之變動傾向。台北市：正昇教育科學社。

張凱元（民90）。〈學測問題浮現，集思廣益化解〉。聯合
　　報，6月11日民意論壇。

張凱元（民90）。〈淺論建構式教學〉。玄奘應心系刊，2，
　　頁16-17。

張凱元（民91）。〈人本主義學生輔導工作之探討〉。人文關
　　懷與社會發展論文集，頁1-14。高雄市：復文出版社。

張德聰等編譯，G. Egan編著（民78）。有效的輔導員訓練手冊
　　（Exercises in Helping Skills, 1986）。台北市：張老師出版
　　社。

教育改革審議委員會（民85）。總諮議報告書。

傅佩榮（民91）。〈為人父母的，學學胡適吧〉。中央月刊七
　　月號，頁22-23。

傅偉勳（民70）。西洋哲學史。台北市：三民書局。

賈馥茗（民73）。教育概論。台北市：五南書局。

楊韶剛（民90）。尋找存在的真諦（羅洛・梅的存在主義心理

學）。台北市：貓頭鷹出版社。

鄔昆如（民 82）。倫理學。台北市：五南書局。

趙仰雄（民 75）。杜威與孔孟教育思想的異同。台北市：幼獅文化事業公司。

趙雅博（民 66）。哲學概論。台北市：中華書局。

鄭心雄（民 75）。兩代間的溝通。台北市：三山出版社。

劉明秋等（民 79）。羅吉斯諮商理論初探。台北市：天馬文化事業公司

劉侃元譯，渡邊秀方著（民 68）。中國哲學史概論。台北市：商務印書館。

簡茂發（民 88）。〈人的教育之省思〉。人的素質論文集，頁 46-54。

盧美貴（民 78）。夏山學校評析。台北市：師苑教育叢書。

魏肇基譯，J. J. Rousseau 著（民 76）。愛彌兒（Emile）。台北市：商務印書館。

二、英文部分

Ausubel, D. P. (2000). The Acquisition and Retention of Knowledge: A cognitive view. Boston, Mass: Kluwer Academic Publishers.

Bandura, A. (1986). Social Foundations of Thought and Action: A Social Cognitive Theory. Englewood Cliffs, N. J.: Prentice Hall.

Bloom, B. S. (1974). "An introduction to mastery learning theory." In J. H. Block (Ed.), School, Society and Mastery Learning. New York:

Holt, Rinehart & Winston.

Bower, G. & Hilgard, E. (1997). Theories of Learning. New York: Prentice Hall.

Bruner, J. S. (1990). Acts of Meaning. Cambridge, Mass.: Harvard University Press.

Bynum, E. B. (1992). "A brief review of transpersonal psychology." The Humanistic Psychologist, 20, 301-306.

Carroll, J. B. (1963). "A mode of school learning." Teachers College Record, 64, 723-733.

Combs, A. W. (1982). A Personal Approach to Teaching Beliefs that make a Difference. Boston, MA: Allyn & Bacon.

Combs, A. & Snygg, D. (1959). Individual Behavior: A Perceptual Approach to Behavior. (rev. ed.) New York: Harper & Row.

DeCarvalho, R. J.(1991). The Founders of Humanistic Psychology. New York: Praeger.

Erikson, E. H. (1963). Childhood and Society. New York: Norton.

Felten, E. (2001). "Finders, Keepers?" Reader's Digest, June, 36-41.

Fitch, S. A. & Adams, G. R. (1983). "Ego identity and intimacy status: replication and extension." Developmental Psychology, 6, 839-845.

Fax, Logan (1972). Psychology as Philosophy, Science, and Art. Pacific Palisades, California: Goodyear Publishing Company, Inc.

Frankl, Viktor (1970). The Will to Meaning. New York: New American

Library.

Freud, S. (1915). "Instincts and their vicissitudes." In J. Riviere (Trans.) Collected Papers of Sigmund Freud (Vol. 4). London: Hogarth.

Freud, S. (1952). The Major Work of Sigmund Freud. Chicago: Encyclopaedia Britannica, Inc.

Fromm, E. (1956). The Art of Loving. New York: Harper & Row.

Gardner, Howard (1983). Frames of Mind: The Theory of Multiple In telligences. New York: Basic Books.

Gilgen, A. R. (1982). American Psychology Since World War II: A Profile of Discipline. Westport, CT: Greenwood Press.

Giorgi, A. P. (1987). "The crisis of humanistic psychology." The Humanistic Psychologist, 15 (1), 5-21.

Goldstein, K. (1959). The Organism. New York: American Book.

Good, Thomas L., Good, Tom & Brophy, Jere E. (1995). Contemporary Educational Psychology. New York: Longman Publishers.

Hall, M. H. (1968). "A conversation with Abraham H. Maslow." Psychology Today, 2, 54-55.

Hamachek, D. (1987). "Humanistic psychology: theory, postulate and implication for educational processes," In J. Glover & R. Ronning (Eds.), Historical Foundations of Educational Psychology, 159-182. New York: Plenum Press.

Jourard, S. M. & Landsman, T. (1980). Healthy Personality. New York: Macmillan Publishing Co. Inc.

Joyce, B., & Weir, M (1981). Models of Teaching. New York: Prentice Hall.

Lawrence, E. (1970). Origins and Growth of Modern Education. London: Pelican.

Mackintosh, N. J. (1976). The Psychology of Animal Learning. London: Academic Press.

Maslow, A. (1968). Toward a Psychology of Being. New York: Norton.

Maslow, A. (1970). Motivation and Personality (2nd ed.) New York: Harper & Row.

Maslow, A. (1976). The Farther Reaches of Human Nature. (2nd ed.) New York: Viking.

May, R. (1950). The Meaning of Anxiety. New York: Ronald Press.

May, R. (1969). Love and Will. New York: Norton.

May, R. (1969). Existential Psychology. New York: Random House.

May, R. (1981). Freedom and Destiny. New York: Norton.

Merry, T. (1994). Invitation to Person Centered Psychology. San Diego, CA: Singular Publishing Group.

Moustakas, C. (1985). "Humanistic on humanism." Journal of Humanistic Psychology, 25, 5-12.

Papalia, Diane E. & Olds, Sally W. (1990). A Child's World: Infancy Through Adolescence. New York: McGraw.

Pervin, Lawrence A. & John, Oliver P. (1997). Personality: Theory and Research. New York: John Wiley & Sons, Inc.

Polkinghorne, D. E. (1982). "What makes research humanistic?" Journal of Humanistic Psychology, 22, 47-54.

Rathunde, Keuin (2001). "Toward a psychology of optimal human functioning: what positive psychology can learn from the 'experiential turns' of James, Dewey and Maslow." Journal of Humanistic Psychology, Vol.41, No.1,135-153.

Rogers, C. (1942). Counseling and Psychotherapy. Boston, MA: Houghton Mifflin.

Rogers, C. (1951). Client-centered Therapy. Boston, MA: Houghton Mifflin.

Rogers, C. (1961). On Becoming a Person. Boston: Houghton Mifflin.

Rogers, C. (1980). A Way of Being. Boston: Houghton Mifflin.

Rogers, C. (1983). Freedom to Learn: A View of What Education Might Become. Columbus, Ohio: Charles Merrill Publishing.

Schneider, K. J., Bugental, J., and Pierson, J. F. eds. (2001). The Handbook of Humanistic Psychology. London: Sage Publications.

Skinner, B. F. (1948). Walden Two. New York: Macmillan.

Skinner, B. F. (1971). Beyond Freedom and Dignity. New York: Knopf.

Smith, H. (1982). Beyond the Post-Modern Mind. New York: Crossroad.

Spiegelberg, H. (1972). Phenomenology in Psychology and Psychiatry: A Historical Introduction. Evan, Ill.: Northwestern University Press.

Taber, G. D. (1989). "Affective education and a nation at risk." In I. L. Sonnier (Ed.), Affective Education: Method and Technique. Englewood Cliffs, NJ: Educational Technology Publications.

Trostle, S. L. (1988). "The effect of child-centered group play sessions on social-emotional growth of three-to-six-year-old bilingual Puerto Rican children." Journal of Research in Childhood Education, 3 (2), 93-106.

Van Belle, H. (1980). Basic Intent and Therapeutic Approach of Carl Rogers. Toronto: Wedge Publishing.

附　錄

近代人本教育及心理學主要學者簡介

杜威（John Dewey, 1859-1952）

　　杜威（John Dewey），一八五九年出生於美國佛蒙特州。在中小學學習階段中是一位相當平凡的學生，直到進入佛蒙特大學後，學習成績突飛猛進，終以優異成績畢業。

　　大學畢業後，杜威曾在佛蒙特、賓夕法尼亞等地學校任教。後來因受其老師托里（H. A. Torrey）的鼓勵，又再入約翰霍普金斯大學（Johns Hopkins University）攻讀哲學，一九八四年獲得博士學位。

　　從此杜威致力於哲學及教育的研究工作。先在芝加哥大學，

後至哥倫比亞大學任教，其間陸續發表其重要的教育論著，如
教育的道德原則（Moral Principles in Education）；人性與行為
（Human Nature and Conduct）；民主與教育（Democracy and Edu-
cation）；我們怎樣思維（How We Think）；經驗與自然（Ex-
perience and Nature）；經驗與教育（Experience and Education）
等，其將教育與生活結合的理念對美國教育制度的影響甚大，
而且也開啟了教育學習乃是一種終身志業的思考方向。

高斯坦（Kurt Goldstein, 1878-1965）

　　高斯坦（Kurt Goldstein），一八七八年出生於德國的上西里西亞（Upper Silesia）的一個猶太家庭。初進大學時對文理各科學習興趣廣泛，本來準備專攻哲學，但後來改向學醫。在下西里西亞的布雷斯勞大學獲得醫學博士學位後擔任神經、精神科醫師。一九一四年第一次大戰期間，在法蘭克福大學創建了一所專門研究治療腦傷的軍醫院，致力於研究腦傷病人的行為問題。一九三〇年受聘為柏林默比特醫院神經科主任，與當時流行的格式塔心理學代表人物魏泰邁、柯勒、考夫卡等人常有

往來，奠定他後來提出「機體論」的完形思想基礎。

　　一九三三年希特勒上台。高斯坦因其猶太人身分被捕，並流放至荷蘭，在阿姆斯特丹大學擔任客座教授。一九三五年移居美國，先後在哥倫比亞大學、布蘭迪斯大學等校任教。在布蘭迪斯大學時與馬斯洛等人本主義心理學者過從甚密。在人本主義心理學初萌芽的階段，高氏機體論中的生物整體觀、個別差異性及自我實現的潛能傾向，是三項指標性的核心思想。

奧爾波特（Gordon Willard Allport, 1897-1967）

　　奧爾波特（Gordon W. Allport），一八九七年出生於美國印第安那州，是家中四個男孩子中的老么。因其兄弗洛伊（Floyd Allport）在哈佛大學畢業，他隨後亦進入哈佛攻讀經濟學和哲學，研究所改修心理學，一九二二年獲博士學位。

　　畢業後，奧氏短期至歐洲遊學兩年，再回到哈佛社會倫理學系任教，是美國大學中第一個開設「人格心理學」課程的教師。他的第一本著作 Personality: A Psychological Interpretation 也成為人格心理學的典範教本。

　　奧氏對心理學的研究採取多元及折衷的方向，故其後來發展出來的各種理論都有廣納百川的趨勢。因他認為要理解人類的本性，原就是一項艱困複雜的工作。「人」必定有其獨特性，同時人與人之間又具有相通的社會性；而如何可以調和，就是一個心理健康的人追求的目標。

　　到六〇年代以後，人本主義思想興起，奧氏當時在心理學界聲望隆崇（曾於一九三九和一九四三年擔任兩屆美國心理學會主席，一九六三年獲美國心理學基金會的金質獎章，一九六四年獲美國心理學會傑出科學貢獻獎）。在一九六三年人本主義心理學會成立前後期間，基於理念相近，奧氏即以一個前輩的身分，對有關創建事宜參與出力甚多。

馬斯洛（Abraham Harold Maslow, 1908-1970）

　　馬斯洛（Abraham H. Maslow），一九○八年出生於美國紐約市。父親為猶太裔俄國移民，沒有受過教育，母親是精神病患者，故小馬斯洛童年生活甚為孤獨而不快樂。後來自述認為自己竟然可以正常成長，大概得力於常到圖書館裡不斷的閱讀，自得其樂的緣故。

　　馬斯洛在威斯康辛大學先後完成心理學學士、碩士及博士學位。選擇心理學的最初理由為醉心於行為主義的研究，深信行為主義乃是解決一切社會問題的不二法門。但後來在研究動

物行為中，卻愈來愈發現不但動物的行為與人類的行為實質上
有很大的不同，甚至於動物之間的行為也會有相當的差異出現。
例如猴子和豬在飽餐之後，仍會有持續探索環境的滿足好奇動
機行為；又如果允許雞隨意選擇食物，則健壯的雞會選擇較有
益於健康的食物，從而使自己更成長健壯等。由於這些發現，
乃使他對行為主義的機械式理論產生了相當的懷疑。加諸二次
大戰期間，馬氏在紐約哥倫比亞大學等校工作任教，邂逅了不
少同為猶太人，因逃離希特勒的血腥統治及戰亂而赴美的學者，
如阿德勒、弗洛姆、高斯坦、魏泰邁等人，並固定每週五晚間
舉辦學術研討會。馬氏乃是按時出席次數最多的人之一，在交
往之中深受他們對心理分析及行為主義心理學派的批判影響。
馬氏認為這一段時間，他等於是遇到了很多正式及非正式的老
師，也開啟了他對心理學研究應回歸「人」的本位的心理學的
興趣。

　　一九五一年，馬斯洛受聘至麻薩諸塞州的布蘭迪斯大學擔
任新設的心理學系主任職務。此時他接受了好友羅哲斯的建議，
將課程依人本主義的形式來設計授課，但直至一九六一年卸任，
卻尚未能獲得顯著的成功。一九六七年，馬氏被選為美國心理
學會會長，一九七〇年因心臟病逝世。終其一生雖未及見到人
本主義心理學之開花結果，但其在人本心理學之理論提出了「需
求層次論」的基本架構，以落實人可以追求自我實現的基礎，
及其終生為推動人本主義努力不懈的精神，乃在心理學界中贏
得了「人本主義心理學之父」的讚譽。

羅哲斯（Carl Ransom Rogers, 1902-1987）

　　羅哲斯（Carl R. Rogers），一九〇二年出生於美國伊利諾州。幼時因清教徒宗教信仰，家庭生活相當刻板保守。多年後，羅氏憶起自己頭一回喝汽水時，當時心中還有罪惡感浮現。不過，後來羅哲斯父親經營農場，在農場上的生活卻使小羅哲斯學會了勤勉及科學觀察的精神，這對他後來致力於學術研究的工作，產生了相當的影響作用。

　　一九二二年，羅氏在威斯康辛大學就學期間，曾因參加世界基督教青年會議，在我國北京停留了半年。這段期間除接觸

到各種不同文化人士之外，並對東方的宗教和哲學思想產生了相當的興趣，使羅氏的思想從保守僵化中轉變成了一種自由開放的傾向。這段經歷，羅氏在其自稱為「北京日記」的當時日記及家書中多有記述。

一九二四年，羅氏獲得威大歷史學士學位，隨即結婚，然後進入紐約聯合神學院就讀。起初是想當一名關心人類福祉的牧師，但後來發現神學院無法滿足他日益滋長的自由意志需求，乃於不久後，轉入神學院對街的哥倫比亞大學師範學院，攻讀臨床和教育心理學博士學位。其後因兩個孩子相繼出生的緣故，羅氏必須同時工作養家，故直至一九三一年，始完成哥大博士學業。然後在羅徹斯特防止兒童受虐輔導中心工作了一段時間，一九四〇年應聘至俄亥俄大學，一九四五年轉至芝加哥大學，一九五七年又轉至威斯康辛大學任教。這數段參與實際心理輔導及教學的經驗，使羅氏從重視人性的基本立場上，得到紮實理論及實務的磨練，其著名的「非指導式治療法」，可以說是孕育於羅徹斯特時期，而成熟於後來在多校教學的期間。一九四〇年，羅氏在他的一篇論文「心理治療中的若干新觀點」，首度提到其思想核心的非指導式治療法，然後環繞非指導式治療法，再陸續產生出以人為中心治療法及以學生為中心等心理及教育的重要人本主義概念。

在人本主義心理學及教育學範疇之內，羅哲斯可以說是最活躍的代表。曾於一九四六年擔任美國心理學會會長，著作甚豐，就人本主義立場曾與行為主義的最重要學者——史欽納進

行過數次筆戰及公開的對談辯論，成為心理學界轟動一時的盛事。一九六三年，羅氏辭去威大職務，接受他的學生法森（Richard Farson）的邀請，至加州創辦了一所主要以人本主義來研究有關人類社會、經濟、政治、教育等問題的西部行為科學研究所，及其後又轉至人道研究中心工作，至一九八七年去世為止。羅氏一生為人本主義工作，孜孜不倦，而且成就卓越。如果說馬斯洛為人本主義之父，則羅哲斯可說是人本主義集大成的人物。

羅洛梅（Rollo Reece May, 1909-1994）

　　羅洛梅（Rollo R. May），一九〇九年出生於美國俄亥俄州。一九三〇年在奧柏林大學獲得文學士學位，一九三八年又在紐約聯合神學院獲得神學學士學位，並被派至新澤西州擔任牧師工作。但羅洛梅在進入神學院後，當時一位從德國流亡來的存在主義哲學老師田立克（Paul Tillich），啟發了他對存在主義的興趣，並希望能更深入探討人性的問題。於是在紐約的威廉·阿蘭遜·懷特學院又研究心理分析學，接受了著名新心理分析學者沙利文、弗洛姆等的指導。後來並進入哥倫比亞大學，

於一九四九年獲得哥大第一位臨床心理學博士學位。

　　羅洛梅和羅哲斯一樣，在完成博士學位後，除了從事臨床心理治療工作之外，並曾在哈佛、耶魯、普林斯頓、哥倫比亞等多所大學任教，是一位理論與實務皆有基礎的心理學家。而尤其因其對存在主義研究的深入，羅洛梅亦自行發展出一套存在主義式的心理治療方法，類似羅哲斯的以人為中心治療。羅洛梅認為，心理治療其實不是一種治病，而是鼓勵當事人能夠更積極面對人生，克服自我存在焦慮的一種助力，這種助力在透過「愛」與「意志」的表達之後，可以發揮其最大的功效。羅洛梅除了創建存在心理治療外，其他有關人本心理著作亦豐，如愛與意志、存在心理學、人的自我追尋等，均為世界性的暢銷書。羅洛梅在人本主義心理及教育的領域中，乃有其相當卓越的貢獻。

一般教育 45

人本主義教育的理念與實踐

作　　　者：張凱元
執行編輯：林怡君
副總編輯：張毓如
總　編　輯：吳道愉
發　行　人：邱維城
出　版　者：心理出版社股份有限公司
社　　　址：台北市和平東路二段 163 號 4 樓
總　　　機：(02) 27069505
傳　　　真：(02) 23254014
郵　　　撥：19293172
　E-mail：psychoco@ms15.hinet.net
駐美代表：Lisa Wu
　　　　Tel：973 546-5845　　Fax：973 546-7651
登　記　證：局版北市業字第 1372 號
電腦排版：臻圓打字印刷有限公司
印　刷　者：翔勝印刷有限公司
初版一刷：2003 年 1 月

定價：新台幣 250 元
ISBN 957-702-561-7

國家圖書館出版品預行編目資料

人本主義教育的理念與實踐 / 張凱元著. -- 初
　版. -- 臺北市 : 心理, 2003〔民92〕
　　面 ; 　公分. --（一般教育 ; 45）
　參考書目:面
　ISBN 957-702-561-7(平裝)

1. 教育 - 哲學, 原理

520.1　　　　　　　　　　　　　　91024329

讀者意見回函卡

No._____　　　　　　　填寫日期：　年　月　日

感謝您購買本公司出版品。為提升我們的服務品質，請惠填以下資料寄回本社【或傳真(02)2325-4014】提供我們出書、修訂及辦活動之參考。您將不定期收到本公司最新出版及活動訊息。謝謝您！

姓名：_____　性別：1□男 2□女
職業：1□教師 2□學生 3□上班族 4□家庭主婦 5□自由業 6□其他_____
學歷：1□博士 2□碩士 3□大學 4□專科 5□高中 6□國中 7□國中以下

服務單位：_____　部門：_____　職稱：_____

服務地址：_____　電話：_____　傳真：_____

住家地址：_____　電話：_____　傳真：_____

電子郵件地址：_____

書名：_____

一、您認為本書的優點：（可複選）

　❶□內容 ❷□文筆 ❸□校對 ❹□編排 ❺□封面 ❻□其他_____

二、您認為本書需再加強的地方：（可複選）

　❶□內容 ❷□文筆 ❸□校對 ❹□編排 ❺□封面 ❻□其他_____

三、您購買本書的消息來源：（請單選）

　❶□本公司 ❷□逛書局⇨_____書局 ❸□老師或親友介紹

　❹□書展⇨____書展 ❺□心理心雜誌 ❻□書評 ❼□其他_____

四、您希望我們舉辦何種活動：（可複選）

　❶□作者演講 ❷□研習會 ❸□研討會 ❹□書展 ❺□其他_____

五、您購買本書的原因：（可複選）

　❶□對主題感興趣 ❷□上課教材⇨課程名稱_____

　❸□舉辦活動 ❹□其他_____　　　（請翻頁繼續）

心理出版社 股份有限公司

台北市 106 和平東路二段 163 號 4 樓

TEL:(02)2706-9505
FAX:(02)2325-4014
EMAIL:psychoco@ms15.hinet.net

沿線對折訂好後寄回

六、您希望我們多出版何種類型的書籍

　　❶□心理❷□輔導❸□教育❹□社工❺□測驗❻□其他

七、如果您是老師，是否有撰寫教科書的計劃：□有□無

　　書名/課程：_____

八、您教授/修習的課程：

上學期：_____

下學期：_____

進修班：_____

暑　假：_____

寒　假：_____

學分班：_____

九、您的其他意見

_____

謝謝您的指教！　　　　　　　　　　41045